幽默的语言

张永来 著

语文出版社
·北京·

图书在版编目（CIP）数据

幽默的语言 / 张永来著. -- 北京 ：语文出版社，2020.1
ISBN 978-7-5187-1022-5

Ⅰ. ①幽… Ⅱ. ①张… Ⅲ. ①汉语—幽默(美学)—研究 Ⅳ. ①H1

中国版本图书馆CIP数据核字(2019)第286361号

YOUMO DE YUYAN
幽 默 的 语 言

责任编辑 张双亭 袁建民
装帧设计 刘姗姗
出　　版 语文出版社
地　　址 北京市东城区朝阳门内南小街51号 100010
电子信箱 ywcbsywp@163.com
排　　版 北京大有艺彩图文设计有限公司
印刷装订 北京市科星印刷有限责任公司
发　　行 语文出版社 新华书店经销
规　　格 890mm × 1240mm
开　　本 1 / 32
印　　张 7.25
字　　数 168千字
版　　次 2020年1月第1版
印　　次 2020年1月第1次印刷
印　　数 1-2,000
定　　价 20.00元

010-65253954（咨询） 010-65251033（购书） 010-65250075（印装质量）

目　录

绪　　论

一、语言是人类最重要的交际工具

语言作为交际工具，为人类所特有。它帮助人类从动物界划分出来，是人类区别于一般动物的重要标志之一。

人们一般所说的“动物语言”（“声音语言”“舞蹈语言”“气味语言”等），只是一种初步推测与设想。“鹦鹉能学人说话，可只是作为现成的公式来说，不会加以变化（所以我们管人云亦云的说话叫‘鹦鹉学舌’）。只有人们的说话是从具体情况（包括外界情况和本人意图）出发，情况一变，话也跟着一变。”（吕叔湘《语文常谈》）

会说话的鹦鹉

格林先生买了只鹦鹉送给妻子。

第二天下班回来，他问妻子：“我送给你的小鸟呢？”

“我把它烧熟了！”

“你疯了，那是只会说话的鸟！”

“是吗？可当时它什么也没说呀！”

【简评】鹦鹉只是学舌，它不会使用语言，怎么提出抗议呢！

语言是人类最重要的交际工具。人类的交际工具除语言外，还可有图画、手势、旗语、电码乃至击鼓、烽火、红绿灯等，但它们只是一种辅助手段，传递的信息有限，有的尚需事先约定在一定范围内作为语言代号，其表达的准确性、可能性、完备性等，远远不能和语言相比。古今中外都有此类笑话。

张飞对对子

相传刘关张三顾茅庐，再三恳请，诸葛亮方才应允以见，但要对哑谜。张飞说："这有何难，待俺老张上前。"

诸葛亮打量张飞一眼，用手指指天，张飞忙用手指指地。诸葛亮伸出一指，张飞亮出三指。诸葛亮伸出三指又画了个小圈圈，张飞摊开双手伸出九指晃晃。诸葛亮把手掌一翻，在胸前画了个大圈圈，张飞摇摇头，用手往袖内一指。诸葛亮面露微笑说道："对得好！对得好！"张飞大笑着走下中堂。

刘备上前请教。诸葛亮说："我指天，说的是天文；他指地，答的是地理。我伸一指，是一统天下；他伸三指，是三国鼎立。我伸三指画小圈，是三三归一；他伸九指晃晃，是久（九）合必分。我翻掌在胸前画一大圈，是腹中自有阴阳八卦；他指指袖口，对的是袖内巧藏日月乾坤。这岂不是全对上了吗？"

刘备诺诺连声，转过身来又问张飞。张飞说："这有何难解。他指天，说的是天上下雪；我指地，回答他地下路滑。他伸出一指，说我们初到寒舍；我忙伸三指，说我们是三顾茅庐。他伸三指画个小圈，只打算给我们三个小饼充饥；我连忙摊开双手伸出九指，每人三个最少九只。他又在胸前画个大圈，是说他的饼大，恐怕我们吃不下；我摇摇头回答说，不用担心，吃不了藏在袖内带回老家。”

刘备、关羽听了，不禁哑然失笑。

【简评】手势之解，或儒雅至甚，或粗陋至极，玄机妙语竟成了争吃争喝，当面只能哑然失笑，背后岂不叫人捧腹。

哑谜

三个女婿为财主岳丈贺寿，一连住了几天不走，财主心里很不高兴。女婿们问及原因，财主不好直说，便道：“我有一个哑谜，恐怕你们都猜不中。”说着，他伸出手指，向天、地、前、后、左、右分别指了一下，接着比了比三个指头和五个指头，最后还指了一下心窝。

大女婿是个秀才，他猜道：“上有天文，下有地理，前有《前汉书》，后有《后汉书》，左有《左传》，右有《幼学》。岳丈盼我攻读到三更鸡叫五更天，一心为了高中。”

财主听了，嗤之以鼻，连连摇头。

二女婿是个风水先生，他猜道：“上有三十六天罡，下有七十二地煞，前有朱雀，后有玄武，左有青龙，右有白虎。三山五岳虽好，没有你老人家的心好。”

财主“哼”了一声，恼怒得双眼差点凸了出来。

三女婿是个医生，他见势不妙，毕恭毕敬地猜道：“上有天冬，下有地黄，前有前胡，后有厚朴，左有左转藤，右有幼竹茹。三条灯草，五根车前草，可以退心火。”

财主听罢，拍案喝道：“你们尽是一派胡言！还是我自己来讲解给你们听吧：天上不落，地上不生，前天接济，后天援助，老子左也难，右也难。你三个畜生白吃了我五天，老子心疼得很！”

【简评】对哑谜的理解结合各自专业，或雅或俗，倒也别致，只是与原意大相径庭，还是老财主直接发威更为明确。

外星人来地球

外星人来到地球，看到一个农民，由于语言不通，只能靠手语。外星人伸出3个手指，农民伸出了5个手指；外星人比画出一个手枪的手势，农民伸出了一个大拇指。外星人吓跑了。

农民回到家，对老婆说：“我在地里碰到一个外星人，他说他30岁，我说我50岁，他说他有8个孩子，我说你真行。”

外星人回去对国王说：“地球太可怕了！我遇到一个农民，我对他说我杀了三个人，他说他杀了五个。我说我用枪打死的，他说他用大拇指摁死的。吓死我了，幸亏我跑得快啊！”

【简评】相同动作，解读迥异，可见肢体语言在表意方面存在一定的缺陷。

二、语言是人类思维的工具

思维是人类大脑特有的一种机能。语言把人类思维的活动成果用词、短语、句子等第二信号系统加以记载，完善地表达出来，这才使人类的思想交流成为可能。语言和思维是密不可分的。

当然，如果思维出了毛病，在语言表达上就会出现笑话。

猎熊

布莱克先生非常喜欢打猎，但因年迈眼花，好几次没打中熊，倒差点儿打中了人。所以朋友们和他一起打猎时，总是格外小心谨慎。

一天，布莱克又和朋友们出去打猎。有位年轻朋友在一张很大的白纸上写上“我不是熊”几个字，然后挂在自己背上。

猎熊开始了。布莱克先生偏偏又朝他开了一枪，把他的帽子打掉了。

“你没看见这张纸上写的字吗？”年轻人生气地对布莱克吼着。

“嗯，我看到了。”布莱克说着，走过去仔细看了看纸上的字，又说，“啊，真抱歉，我没看见这个‘不’字。”

【简评】射熊而打中人，是年迈眼花所致；看见纸条仍然开枪，则是大脑思维出了问题。不管这张纸上有没有“不”字，“我”都不可能是熊。难道动物还会在纸上写字证明身份吗？朋友在纸上写这样的字也是故意开玩笑，这还用声明吗？

三、语言是一种特殊的社会现象

1. 语言随着社会的产生而产生，随着社会的发展而发展，社会之外，无所谓语言。

人的语言表达能力是后天形成的，脱离社会，就掌握不了语言。婴儿处在某种社会环境，便会学成某种语言。下列担心，显然是杞人忧天。

学法语

年轻女士："我多长时间能学会法语？"

法语教员："那得看你的用功程度。可你为什么这么急呢？"

年轻女士："我们刚领养了一个法国婴儿，他已经半岁了；我们要不抓紧时间学，等他开始讲话时，我可就听不懂了！"

【简评】婴儿只能随大人牙牙学语。养母不会法语，婴儿自然不至于先会，着的哪门子急？

2. 语言既是一种社会现象，就不是单纯的个人行为，它必然要受到社会的制约。所以语言表达还必须考虑以下两个因素：交际对象和语言环境。

（1）交际对象。语言既是交流思想的工具，就必然要有其特定的交际对象。弄错了，语言表达就会出现各类舛误。

蹩脚英语

甲："你那蹩脚的英语在伦敦一定给你带来不少麻烦吧？"

乙："不，我倒不感到麻烦，感到麻烦的是英国人。"

【简评】语言的交际功能是相互的。"蹩脚"惯了，自己习以为常，却把麻烦都留给了对方。

做手术

护士长拦住一个从手术室惊慌地跑出来的病人，奇怪地问："发生了什么事？你为什么跑出来？"

“我一进去就听见护士说：‘勇敢些，别害怕！阑尾切除手术是非常简单的！’”

“这话并不错呀！”

“可她是对要给我做手术的大夫说的！”

【简评】话是不错，看对谁说。对患者当然是安慰与鼓励，如果做手术的大夫竟连这点儿起码常识都不懂，兀自惊慌不安，恐怕这手术还真够悬乎。

顾主问答

“先生，这防弹背心保险吗？”

“当然了，卖出去那么多，从来没有退换的。”

“要是我穿上它遭到枪击不管用呢？”

“那我保证退钱给你，就算白送给你好了。”

【简评】“退货”只能用于普通商品。如果防弹背心不保险，命都会搭上，还谈什么退货？

迟到

老师：“汤姆，你说说，为什么老是迟到？”

汤姆：“是，先生。因为我每次走到拐角处，总是看到一个牌子，上面写着：‘学校——慢行。’”

【简评】路标是提醒司机的。小学生的回答自然幼稚可笑，也许是强词夺理。

请他们滚蛋

一个男子申请当监狱看守。监狱长问他：“这些家伙很难对付，你知道怎么对付他们吗？”

“没问题，”申请人回答，“他们要是不老实，就请他们滚蛋！”

【简评】要一般人滚蛋是骂人，侮辱人，威胁人；要犯人滚蛋，对犯人来说那可真是求之不得。

（2）语言环境。话是在特定的场合说的，理解也要注意这种场合，包括人物、时间、处所、社会环境及说听双方的辅助手段如表情、姿态、手势等非语言因素。同一句话，放在不同场合，理解可能大相径庭。用得巧妙，是聪敏智慧；使用失误，则会陷入窘境，导致难堪和狼狈。

解缙的捷才

明朝的才子解缙以捷才闻名遐迩。有一次，明太祖朱元璋存心想试一试他的才能，便突然对他说：“你知道昨夜宫里有喜吗？你吟首诗庆贺一番吧！”

解缙联想到“有喜”可能是指皇子降生，便脱口而出：“君王昨夜降金龙。”

把皇子说为“金龙”，自然是讨皇帝喜欢，岂知朱元璋冒出一句：“是个女孩子。”

解缙脑筋转得快，马上吟了一句：“化作嫦娥下九重。”

朱元璋还是紧追不舍，又说：“孩子生下不久就死了。”

解缙马上接上一句：“料是世间留不住。”

这里把死说成“世间留不住”，因为嫦娥是要回月宫去的。朱元璋说出了最后一句：“我把她抛进河里去了。”他以为这下子可难住解缙了，没想到解缙吟出了更精彩的一句：“翻身跳入水晶宫。”

既然能升天入海，自然是龙种无疑，与首句遥相呼应。

【简评】语境陡转，顺口巧答；随机应变，堪称妙绝。

厕所吃饭

去一家餐馆吃饭，问老板有没有厕所。老板说店里没有，可以去对面的公厕，餐馆跟他们签有免费协议。

在我往对面跑的时候，听到老板在后面喊："你就说你是来吃饭的！"

【简评】公厕收费，来餐馆吃饭的如厕免费，但"我是来吃饭的"这句话只能在餐馆说，绝不能去厕所讲。

四、语音是语言的物质外壳

语音不仅具有物理属性和生理属性，更重要的是它具有社会属性，即表达一定的意义。什么样的语音形式表达什么样的意义，必须是使用该语言的全体社会成员约定俗成的。

由语音表达因素形成的幽默，其语音形式总是物化为字、词、句子而体现一定的社会意义，所以这些幽默均可分别归入有关字、词、句的类别中去，如：

1. 因重音（语法重音、逻辑重音）变化而形成的幽默，可归入其重读词语所属的词类或句法一类。

2. 因读音相同而意义不同形成的幽默，可归入同音词一类。

3. 因语音停顿不同而形成的幽默，可归入词的组合及标点一类。

4. 有意利用语音条件体现修辞效果而形成的幽默，可归入修辞部分"谐音""摹声"等类。

本书不单独设立语音一章。

第一章　文字

一、文字是记录语言的符号

1. 文字是记录语言的符号，是人类辅助语言进行交际的最重要的工具。

语言表达受时间、空间的限制，它转瞬即逝；电话、广播、录音等近代出现的传播工具，也只能部分地突破时间、空间的限制，将语言传播到异时异地。

留给哥哥听

玲玲："这个相声真好。""咔"的一声把收音机关了。

妈妈："相声还没完，干吗不听了？"

玲玲："留给哥哥回来听。"

【简评】声音有时间与空间的局限。把收音机关了哥哥回来也无法听，况且妈妈还没听完呢。

2. 文字的产生突破了时空局限，从而扩大了语言的交流范围，使人类的知识、经验得以广泛交流，留传后世。所以，文字的产生标志着人类进入了文明时代。

但是，语言本身是通过其物质外壳——语音来表达的，它使人借听觉符号接收信息；文字是记录语言的符号，它使人靠视觉符号接收信息。所以在某些特定场合，文字并不能完全代替语言的表达功能。

遵嘱

经理跟妻子吵架，几天互不说话。一天下班回来，他感到特别累，上床就睡了。妻子回卧房睡觉时，发现床头有一张纸条，上面写道：

孩子他妈：

请在明天早上七点叫醒我。

孩子他爹

第二天早上，经理一觉醒来，已经八点了，正要生气，忽然发现床头也有张纸条，上面写道：

孩子他爹：

快醒醒，已经七点了。

孩子他妈

【简评】睡觉时双眼紧闭，只有耳朵值班，写不管用，叫才能醒。妻子留条只是怄气，称呼倒很客气。

3. 文字是代表语言的符号，它和语言的表达在时间上同步，在内涵上则应当是等义的。

谁更懒

维克多和费嘉都在建筑工地当工人。维克多很懒，他不愿在下班时背筐回去。于是，他写了一张纸条，贴在筐上："费嘉，请你把筐背上再回去，我把它忘记了。"

费嘉看到筐和纸条后，也写了一张纸条贴在旁边：“维克多，请你自己回来背筐吧！我没看见这只筐。”

【简评】一人犯懒耍滑，一人巧妙拒绝，二人对筐都视而不见。

4. 文字是辅助语言进行交际的一种工具，应当很好地掌握它。书写既要正确，又要清楚，这样才能达到交际的目的，不然就会闹出笑话。

草圣不工

张丞相好草圣[①]而不工，流辈皆讥笑之，丞相自若也。

一日，得句，索笔绝书，满纸龙蛇飞动；使其侄录之，当波[②]险处侄罔然而止，执所书问曰：“此何字？”丞相熟视久之，亦自不识，诟[③]其侄曰：“胡不早问，致我忘之？”（宋邢居实《拊掌录》）

〔注释〕①草圣：对在草书艺术上有卓越成就的人的美称。②波：书法指捺的折波。③诟：怒骂。

【简评】写字龙飞凤舞，自己都不认识，当然起不到文字的交际作用。录者只能逐字辨识，谁能早知你写成这样？怪人而不责己，实属强词夺理。

二、汉字的产生

汉字是汉族祖先在生产劳动和生活实践中，在原始的画画记事的基础上逐渐创造出来的。此前人们帮助记忆、传递信息的方法主要有以下几种。

实物记事法：包括结绳、契刻、穿贝等。或者“结绳为约”，“事大大结其绳，事小小结其绳”；或者在木头、竹片上刻上纹线或缺口；或者用绳穿结不同颜色的贝壳。但这些提示的实际内涵却往往使人颇费疑猜。

图形记事法：即用图画来表示意思。它虽然比实物记事要明确一些，但它不同于语言里的词，其内涵并不明确，所以也往往使人误解。

县丞

一丞不识字，凡买物即画形簿上。令来，值丞不在，展簿视之，怪其所为，每行用朱笔直抹。丞归视，怒曰：“你衙内买红烛，如何也记在我簿上？”（明冯梦龙《笑府》）

【简评】领导用朱笔审阅批示，却仍被看成画形。到了明代还画形记事，自然惹出不少麻烦。可以想见远古的结绳记事、穿贝记事是何等艰难。

三、汉字造字法

关于汉字的构造，古代有所谓“六书”的说法。东汉学者许慎《说文解字》首先把“六书”解释为六种造字方法，即：象形、指事、会意、形声、转注、假借。现在一般认为前四种是造字法，后两种是用字法。

1. 象形

象形是一种描画事物形状的造字法，它是最早、最基本的造字法。象形字有的像事物的轮廓，有的像事物的局部特征，等等。但一些复杂或抽象的事物，往往“无形可象”或“无法去象”，所以象形造字法的局限性很大。

象形字如：木、井、伞、网、牛、羊、日、月、马、鸟。

象形字都是独体字，所以可作为造字的基本部件，是造字的基础字。但发展到现在，有些象形字就难以辨认了。

抿字

或问抿刷[①]的“抿”字如何写，其人写作“皿”字应之。或曰：“此是器皿的‘皿’字，恐怕不是么？”其人即用笔将“皿”字下尽一头拖长曰：“如此样子，难道还不像抿刷么？”（清石成金《笑得好》）

〔注释〕①抿刷：蘸油或水抹头发的刷子。

【简评】“皿”字是象形字，指器皿而不是指刷子。误写同音字，不知其义，却现画现读，牵强附会，实属可笑。

门上书“午”字

李安义者谒富人郑生，辞以出。安义于门上大书“午”字而去。或问其故，答曰：“牛不出头耳。”（宋范正敏《遁斋闲览》）

【简评】借字嘲人。“牛”为象形字，“午”字与“牛”字相比，缺的正好是头部。这里是骂托词不出的富人为“牛”。

2. 指事

指事是用象征手法来表示意义。它或用象征性符号，或在象征性符号上加指示符号来表示某个字的意义。用这种方法造出来的字叫指事字。指事字也是独体字。

指事字如：一、二、三、上、下、本、末、刃。

指事字可以表示某些抽象概念的词，但局限性也很大。

万字

汝有田舍翁，家资殷盛，而累世不识“之”“乎”。

一岁，聘楚士训其子。楚士始训之搦管[①]临朱[②]，书一画训曰一字，书二画训曰二字，书三画训曰三字。其子辄欣欣然掷笔，归告其父曰：“儿得矣，儿得矣，可无烦先生，重费馆谷[③]也，请谢去。”其父喜从之，具币谢遣楚士。逾时，其父拟征召姻友万氏姓者饮，令子晨起治状，久之不成。父趣[④]之。其子恚[⑤]曰：“天下姓字夥[⑥]矣，奈何姓万？自晨起至今，才完五百画也。”（明刘元卿《应谐录》）

〔注释〕①搦（nuò）管：握笔。②临朱：描红。③馆谷：教学酬金。④趣：同“促”，催促。⑤恚（huì）：怨恨，愤怒。⑥夥：多。

【简评】指事字表数目，画道造字，岂能无尽无休。故事自然有所夸张，意在讽刺那种浅尝辄止，不学无术，却又自满自矜的人。

3. 会意

会意是把两个或两个以上的表义符号（独体字）组合，用以表示一个新的意义。用会意法造出的字叫会意字。会意字是合体字。

会意字如：林、男、北、休、比、明、炎、寒、暴。

会意造字法扩大了造字范围，但是由于字形字义的变化，会意字的意义往往颇费猜想，一些会意字现在已经不易分辨。

字说

王荆公作《字说》，穿凿杜撰。……坡公亦问曰：“以竹鞭马为‘笃’，不知以竹鞭犬，有何可‘笑’？”又尝举“坡”字问荆公何义，公曰：“坡者，土之皮。”坡公笑曰：“然则‘滑’者，水之骨乎？”荆公并无以答。

（明冯梦龙《古今笑史》）

【简评】苏东坡用归谬法驳斥了王荆公关于“会意”的见解。

4. 形声

由表示字义类属的偏旁（意符）和表示字音的偏旁（声符）组成新字，这种造字法叫形声。用形声法造出的字叫形声字。形声字都是合体字。

形声字如：

左形右声：灯、湖、岭、材

右形左声：攻、鸦、期、鸠

上形下声：花、竿、爸、露

下形上声：烈、袋、犁、驾

外形内声：园、阁、衷、裹

内形外声：问、闻、瓣、辩

声占一角：房、病、近、旗

形声造字法从意义和声音两方面记录词，兼有表意和表音两种功能。它突破了单纯表意造字法的局限，使表意汉字向表音方向前进了一大步。现行汉字大部分是形声字。

形声字是合体字，所以可以拆开后巧妙分析，演化出一些文字游戏。

清和桥

从前，大清河上有座桥，叫清和桥。一日，庙里的一个和尚跟当地一位秀才来桥上散心，见桥下有位年轻女子正在洗衣服，二人面朝那女子对起诗来。

和尚说：“有水也念清，无水也念青，去了清边水，添争变成静。静养性，僧人爱，满腹经文随身带。有朝一日芙蓉花儿开，给我和尚端上来。”

和尚作罢诗，秀才接口作诗道：“有口也念和，无口也念禾，去了禾边口，添斗变成科。科为贵，文人爱，满腹诗文随身带。有朝一日芙蓉花儿开，给我秀才端上来。”

桥下洗衣服的女子听了，不由怒火中烧，立刻把手上的水擦干，对他们说：“这桥叫清和桥。你们二位，一个以清字为题作了诗，一个以和字为题作了诗，只剩下桥字了。我以桥字为题作一首诗给你们听听：

有木也念桥，无木也念乔，去了桥边木，添女变作娇。娇娘美，人人爱，生儿生女随身带，有朝一日生双胎，一个作和尚，一个作秀才。”

【简评】巧拆形声字以斗智。

四、汉字的形体

1. 独体字与合体字

一个结构单位组成的字是独体字。两个或几个结构单位组成的字是合体字。汉字绝大部分是合体字。利用合体字的特点，将其各部分重新组合或巧加分拆，往往形成文字幽默。

买猪千口

某县官写字潦草，欲置酒延宾，批票付隶人买猪舌，“舌”字书之过长，隶人误为买猪“千口”。遍乡寻买，但得五百口，赴县哀告，愿减其半。县官笑曰：“我令尔市猪舌，何以误为市猪千口？”（明冯梦龙《广笑府》）

【简评】古时文字竖写，所以才有“舌”字一字拆二的误解。

利市

一人正月初一日出门贺节，云：“头一日，必得利市①方妙。”遂于桌上写一吉字。不意连走数家，求一茶不得。及归，将吉字倒看，良久，曰：“写了口干二字，自然没得吃了；早知如此，何不顺看，竟有十一家替我润口。”（清陈皋谟《笑倒》）

〔注释〕①利市：吉利。

【简评】难道当初写时，不是顺着看吗？卜卦之类常可有多种解释，所言必中。既然一茶未得，自然是倒看的结果了。

并无此人

课堂上，老师在发考试试卷。

“朱肚皮！”老师连喊三声，也没有人回答。试卷发完后，老师问：“谁没拿到试卷？”

只见一个学生慢慢地站起来。

“你叫什么名字？”老师问。

“朱月坡。”学生回答。

【简评】横写错位，造成如此笑话。

拔毛下酒

有个姓白的人，无论哪里有人吃酒，他都不请自来，来即动筷，不以为耻。大家都说，这样的人，连圣贤碰上也要发愁，于是给他起了个外号叫圣贤愁。

张果老、吕洞宾两位仙人来到酒店饮酒，圣贤愁也赶来了，见面就说："在下来迟，罚我三杯！"说完就自斟自饮起来。张果老笑着说："久闻圣贤愁老兄的大名，今日幸会。但今天饮酒没有小菜，我们且以'圣贤愁'三字分拆，各自吟诗一首，谁对不上来，就罚他买小菜，如何？"吕洞宾大声叫好，圣贤愁也只好同意。

张果老先说："耳口王，耳口王，圣人吃酒不癫狂，席上无肴难下酒，割只耳朵尝一尝！"说罢拔出剑来，把自己的耳朵割下，放在菜盘上。

吕洞宾接着说："臣又贝，臣又贝，贤人吃酒多不醉，席上无肴难下酒，割下鼻子配一配！"说着把自己的鼻子割了下来。

圣贤愁大吃一惊，心想从来没有见过这样请客的。过了好一阵子，他才总算凑了几句："禾火心，禾火心，愁人吃酒自己斟，席上无肴难下酒，拔根汗毛赛山珍！"

张、吕二仙很不满意地说："我们两个人一个割耳朵，一个割鼻子，你为什么只拔一根汗毛呢？"

圣贤愁答道："今日是看在两位仙家面上，要是换了别人，我一毛也不拔呢！"

【简评】这个笑话巧妙地分拆"圣（聖）、贤（賢）、愁"三字，活画出一个一毛不拔、连仙家也无可奈何的吝啬鬼的形象。

阄驮

会稽仇沧柱立于门，某乘马过，谓曰："'阄'字如何写？"仇曰："不知。请教韦驮之'驮'字如何写？"某笑而去。（清独逸窝退士《笑笑录》）

【简评】"阄""驮"均为合体字，分别讥讽对方是"门中之龟""马旁之犬"。

2. 形近字

汉字属表意文字。有时利用方块字形体近似的特点，将笔画加以改动或分解，从而形成幽默。

巧改对联

从前有一户官宦人家横行乡里，不可一世。为了炫耀权势，他家在临街挂了一副对联：

父进士，子进士，父子皆进士；

婆夫人，媳夫人，婆媳均夫人。

这家人看着挂的这副对联，扬扬得意，自诩天下谁人也比不上他家。

一个穷秀才路过，见此对联，面露鄙夷之色，随后一笑走开了。第二天清早，进士家门前围了一大堆人，指手画脚，有说有笑，都说："改得妙啊！"

这家人被门外吵嚷声惊动，开门一看对联，气得昏倒在台阶上。原来，对联被人加改了笔画，变成：

父进土，子进土，父子皆进土；

婆失夫，媳失夫，婆媳均失夫。

【简评】官宦人家炫耀权势，作恶多端；穷秀才只消几笔，就使它男人没了命，女人守了寡。这里充分利用了汉字形近字的特点。难的是只修改三个字，每字一二笔，竟与原意大相径庭，而且上下句珠联璧合。

献世冢

有孝廉为京官，颜[1]以“文献世家”于门。一夕，人以纸糊其两头字曰“献世”。孝廉怒，命仆骂于世。又一夕，糊其“文”字上一点，曰“又献世”。孝廉怒骂如前。则再糊其“家”字上一点，曰“献世冢”。（明无名氏《喷饭录》）

〔注释〕①颜：指题字于匾额上。

【简评】不消刀笔，隐现得当，意思变化无穷。

3. 异体字

汉字有时一个字有几个不同形体，从正字法的角度讲，只有一个是正体，其余为异体。

古人曾以异体字形成幽默。

换鱼字

李章赴邻家小集，主人素吝，既进馔，主前一鱼，特大于众客者。章从旁见之，即请于主曰：“每见人写‘苏’字，其鱼字或在左，或在右，何也？”主曰：“古人作字，不拘一体，从便移易耳。”章即引手取主前鱼示众曰：“从主命，今日左边之鱼，亦合从便移过右边。”一座为之喷饭。（明浮白斋主人《雅谑》）

【简评】“苏”字的繁体为“蘇”，草字头下左为“魚（鱼）”，右为“禾”。它的异体字为“蘓”，草字头下左为“禾”，右为“魚（鱼）”。这里借谈异体字以取美食。“苏”字简化后，这一笑谈也就成为历史。

五、别字

别字是指把甲字写成乙字。造成这种错误的原因，主要是读音或形体的相近。此类笑话颇为常见。

曰饼

中秋出卖月饼，招牌上错写“曰饼”，一人指曰：“‘月’字写成白字了！”其人曰：“我倒信你骗，‘白’字还有一撇哩。”（清游戏主人《笑林广记》）

【简评】“别字”又叫“白字”，指写错或读错的字。此处将“白字”理解成“白”这个字，着实糊涂。

玉堆宫

二蒙师相遇于道，道旁有鲁叁之墓，其一忙下拜曰：“此曾参墓。”其一辩为曹参墓，争论久之，因相殴讼于官王推官处。官曰：“召坟邻询之。”知为鲁叁墓，各笞二十逐出。其友人为之和解，因置席于玉堆宫，二人将入门，举目见轩扁①，慌奔走出，相顾惊愕曰：“此是王推官家，如何又去惹他？”（明乐天大笑生《解愠编》）

〔注释〕①扁：匾额。“匾”本字。

【简评】鲁与曾、曹，叁与参，均为形近字。可笑的是白字先生分别念错，各执一说而至相讼。更为可笑的是他们见了玉堆宫的匾额却全都念错，都认作“王推官”，而且吓得战战兢兢。这大概是二十大板打得太疼，印象极深的缘故吧。

白字先生

训蒙先生爱读白字。东家议明：每年租谷三石，火食四千，如教一个白字，罚谷一石；如教一句白字，罚钱二千。

到馆后，与东家街上闲走，见石刻“泰山石敢当”，先生误认“秦川右取堂”。东家说：“全是白字，罚谷一石。”

回到书馆，教学生读《论语》，“曾子曰”读作“曹子曰”，“卿大夫”念为“乡大夫”。东家说：“又是两个白字，三石租谷全罚，只剩火食钱四串。”一日，又将“季康子”读作“李麻子”，“王日叟”读作“王四嫂”。东家说：“此是白字两句，全年火食四千，一并扣除。”先生作诗以叹曰：“三石租谷苦教徒，先被‘秦川右’取乎。一石输在‘曹子曰’，一石送与‘乡大夫’。”又曰：“四千火食不为少，可惜四季仝扣了；二千赠与‘李麻子’，二千给与‘王四嫂’。”（清小石道人《嘻谈录》）

【简评】字形相近而误读，竟闹出如此笑话，未免有点儿夸张。自叹的打油诗还是蛮有水平的，末二句尤令人忍俊不禁。

别字县官

某人识字不多，花钱买了个县官，审理公文案件全凭师爷。

这天，一个叫金止未的和一个叫郁下丢的打闹起来，被一个叫于斧的看见，三人一起到县衙打官司。

恰巧师爷不在，县官只好硬着头皮升堂。他一看原告是“金止未”，便说道：“全上来！”大家一听，一齐上了堂。县官一看傻眼了：叫原告，怎么三人都来了呢？他又看了看被告“郁下丢”的名字，于是说道：“都下去！”三人一听，只好又都下去了。

县官正自纳闷，师爷回来了。他把这些人的名字教给县官念。县官一边擦汗，一边指着第三个人的名字对师爷说：“多亏你早来一步，不然，下一个我就该叫他‘干爹’了。”

【简评】八个字全不认识，倒也难得。不过大权在手，谁敢不听，即使叫“干爹”，估计也没人敢应。

第二章　词汇

词汇是语言的建筑材料。词汇越丰富，语言也就越丰富。

一、语素、词、词的构成

词是最小的能够独立运用的语言单位。

语素是语言中最小的音义结合体，是一种构词单位。它分自由语素、半自由语素和不自由语素三类。能够独立成词的语素叫自由语素。许多自由语素也能与其他语素自由组合成词。

1. 单纯词

由一个语素构成的词叫单纯词。它包括单音词、多音词中的联绵词（双声、叠韵）、叠音词及音译外来词等。单纯词的每个形音单位只是作为一种纯粹的记音符号，表示它的外在读音，并没有任何理性意义。如果将单纯词的某些不自由语素、半自由语素错解成词，即将单纯词（主要是音译外来词）强解为合成词甚至短语，便会犯割裂词语、望文生义的毛病，闹出笑话。

马拉松比赛

“你见过马拉松比赛吗？”

“见过。那一匹匹高头大马，拉着老松树，跑得可快呢！”

【简评】单纯词解作合成词，牵强附会，大言不惭。

布不如金贵

甲：“卢布和美金，哪个值钱？”

乙：“那还用问，当然美金值钱！”

甲：“为什么？”

乙：“美金是金子，卢布是布，布哪能比得上金子呢？”

【简评】“卢布”是音译，“美金”即“美元”，是意译，均与“布”“金”无关。

2· 合成词

由两个或两个以上的语素构成的词叫合成词。合成词包括两个或两个以上的语素，但是，它并不等于语素意义的简单相加，而是经过一个组合、升华的过程，从而产生更为丰富、更为明确的新义。如“心虚”不是心“空而无物”，也不等于“虚心”。在语言运用中，如果将合成词的某些自由语素错解成词，即将合成词错解成短语，同样会犯割裂词语、望文生义的毛病。

食指

母亲：“瓦西里，别把手指含在嘴里，这多难看，而且也不卫生！”

儿子：“妈妈，可是这个手指叫作食指呀！”

【简评】词义并不是每个语素意义的总和。食指不是吃的。

告别

小晶晶出院了，高兴地与医生告别。

“再见！医生。”

小晶晶的姐姐：“什么？‘再见’？你还要住院？”

小晶晶：“那……医生，永别了！”

【简评】“再见”的意思是“再次相见”，“永别”则是“永远分别”，多指人死。

格外

在老师布置的家庭作业中，有一道题要求用“格外”造句。小明用“格外”造的句子是：“我们不能把字写在格外边。”

【简评】将副词“格外”一分为二，两个语素分别为名词“格”和方位名词“外”，这种造句法倒是一大发明。

学问难成

老师留了四个词要学生造句，小刚为了和别人不一样，别出心裁：

难过——困难过去了，我们要迎接胜利。

如果——罐头不如果汁营养丰富。

天真——今天真热，是游泳的好日子。

从容——我做事情都先从容易的做起。

【简评】一个合成词拆成两半，意思自然全变。

绝顶聪明

学生：“老师，为什么您的头上不长头发？”

老师："彼嘉，这是绝顶聪明。"

学生："老师，凡是剃光头的人都是聪明人吗？"

老师："不，彼嘉，那是自作聪明啊！"

【简评】副词"绝顶"解作二词，是歪解，也是妙解。"不长头发"与剃光头自然不同：前者是天生，后者是人为。应对机敏自然，令人笑中有思。

3. 有时候，作者故意改动词的一个自由语素另组新词，或者颠倒一下语素的排列顺序，也都会形成幽默。

反对与主张

甲："你对父母包办婚姻有何看法？"

乙："我嘛，反对父母包办婚姻，主张父母包办婚事。"

【简评】"婚姻"与"婚事"一字之差而意思全变：对象要自己搞，腰包要老子掏！

乾隆下旨

乾隆皇帝游江南，来到一座大墓前。这里石碑如林，而且有许多石人石马。乾隆指着石人问身旁一个翰林说："它叫什么名字？"原来，在古代传说中这种石人叫翁仲，而翰林却弄颠倒了，说成"仲翁"。

回京后，乾隆下了一道圣旨，将这个翰林降为通判，圣旨是四句打油诗：

翁仲为何作仲翁，只因窗下少夫功。

从今不许为林翰，贬入朝房作判通。

【简评】将名词"功夫""翰林""通判"的两个语素相互颠

倒，以与“仲翁”相配，是故意讽刺。难得的是反倒合乎平仄韵律，堪称绝妙好诗。

二、词义

词包含语音和意义两个部分。词的意义部分即词义。

词义是由多种因素构成的。一般说来，实词都具有一种与概念相联系的核心意义——理性义，此外还可能具有一些附着在理性义上的色彩义，像感情色彩、语体色彩等。

义项是对词的理性意义的分项说明。有的词只有一个义项，叫单义词；有的词则有两个或两个以上的义项，即包含有互相联系的几个不同意义，叫多义词。

单义词一般为人名、地名、科技术语及一些常见事物的名称，如“孔子”“北京”“原子”“玻璃”等，其意义都很单一。多义词的意义则有很多，在下边的句子中，“深”一词即有“从上到下的距离大”“复杂，不易懂”“程度高”“时间长”“浓重”等意义。

（1）这口井真深。

（2）这门课太深。

（3）我们的交情很深。

（4）夜已经很深了。

（5）花布的颜色深了些。

多义词的几个义项之间的地位并不是并列的，其中一个义项是基本的、常用的，叫作基本义。其他义项一般是由这个义项直接或间接地发展转化来的，叫作转义。词的转义主要通过引申和比喻两种方法产生，分别叫作引申义和比喻义。

1. 基本义：是词的基本的、常用的意义。它是相对转义而言的，并不一定都是词的最早的、原始的意义。例如“兵”的原始意义是“武器”，基本义是“战士”。基本义的确定既要考虑词义的历史，又要考虑现在的使用频率。

对词的基本义加以错解，常常会出笑话。

嘲学官贪赃

昔一秀才送鹅与学官，学官曰：“我受你的鹅，又无食与他吃，可不饿死？欲待不受，又失一节，如何是好？”秀才云：“请师父受下，饿死事小，失节事大。”(明无名氏《时尚笑谈》)

【简评】“饿死事小，失节事大”本是提倡封建礼教的道学家鼓吹的节烈观，这里用作对学官的讽刺与嘲笑。

不识一字

有延师教其子者，师至，主人曰：“家贫，多失礼于先生，奈何？”师曰：“何言之谦，仆固无不可者。”主人曰：“蔬食，可乎？”曰：“可。”主人曰：“家无臧获①，凡洒扫庭除，启闭门户，劳先生为之，可乎？”曰：“可。”曰：“或家人妇子欲买零星什物，屈先生一行，可乎？”曰：“可。”主人曰：“如此，幸甚！”师曰：“仆亦有一言，愿主人勿讶焉。”主人问何言。师曰：“自愧幼时不学耳！”主人曰：“何言之谦！”师曰：“不敢欺，仆实不识一字。”(清俞樾《一笑》)

〔注释〕①臧获：古代对奴婢的贱称。

【简评】“师者，所以传道、授业、解惑也。”无人服侍，让人吃粗饭，干杂活，上街买东西，这不是延“师”，是雇仆人；谁想到对方“不识一字”，枉为人“师”，即使干点零活也合算。双方都不按“师”的标准办事，钩心斗角。当然，最倒霉的是主人，谁叫他如此吝啬呢！

换了位子

甲：“跑了一年多快递，昨天我终于也坐上了经理的位子。”

乙：“经理挺看重你啊！”

甲：“经理说：‘阿龙啊，你也不容易，把我这个破椅子拿去坐吧，我换了个沙发。’”

【简评】经理的职位没让给你，只是捡了件破椅子。

锅底

家里的铝锅漏了，我和儿子一起到小区服务中心找人修理。师傅看了以后说：“换个锅底15元。”

儿子小声对我说：“爸爸，我们不在这换，对面那家火锅店‘锅底免费’。”

【简评】彼“锅底”非此“锅底”，火锅店的锅底乃是金属锅底上放的涮火锅的配料。

缺家教

儿：“爸，咱家没请家庭教师的事，您跟邻居说了？”

父：“没有。”

儿：“那怎么咱刚搬到这儿他们就知道了？”

父：“邻居怎么说？”

儿：“他们说：‘这孩子缺家教。’”

【简评】“家教”一般指家庭对子女进行的关于道德、礼节等方面的教育，也指家庭教师。刚刚搬来，邻居大概不会关心这家聘请家庭教师的事，定是孩子惹恼了邻居。

新司机

富翁参加宴会，将新司机介绍给大家认识。司机从小没读过多少书，敬酒时苦思冥想，举杯说道：“来来来，我们大家同归于尽吧！”顿时席上一片静默，不少人给司机白眼。司机这才知道说错话了，尴尬地退到一旁，不敢再多说话。

回家的路上，富翁数落了司机一顿，要他多读些书，不要再闹笑话，最后交代司机明天五点叫他起床。司机难过得睡不着，挑灯夜读，想让富翁对他刮目相看。第二天早上，司机蹑手蹑脚地走到富翁床边，轻轻招呼说：“老板，您的时辰到了！”

【简评】“同归于尽”不是酒尽，而是人命丧尽，这固然可怕，不过大伙儿给他个白眼也就化解了。“时辰到了”常用于生死等重要时刻，大早上蹑手蹑脚、轻声细语地对自己的老板说声“时辰到了”，这恐怕不是什么好事——不会是黑白无常前来索命吧？

苍蝇能吃吗

父亲告诉小哈利吃饭时不要讲话。

一次吃饭，小哈利问父亲：“爸爸，我只说一句话：苍蝇能吃吗？”

“不能吃，你问这干啥？”

“我刚才看见你把盘子里的一只苍蝇吃了下去。”

【简评】“吃饭时不要讲话”特指无关紧要的话。“饭里有苍蝇”这话是必须说的，但说晚了不如不说，使人平添恶心。

问题与答案

“你为什么不回答，是不是我提的问题把你难住了？”

“噢，不。你的问题我全懂，难住我的倒是答案。”

【简评】强词夺理。让答案难住与让问题难住其实是一回事。不过这样一说，显得更体面些。

午餐肉

妻子回娘家，给丈夫准备了馒头、午餐肉罐头当作晚饭。

第二天早上妻子回来，发现丈夫只把馒头吃了，午餐肉罐头根本没动，便问道：“你怎么没吃午餐肉呢？”

丈夫没好气地答道：“废话！你还问我？罐头上明明写着‘午餐肉’，我晚餐能吃吗？”

【简评】“午餐肉”只是一种肉制食品名称，并非限定只能中午吃。

赴宴

一位商人和他的朋友应邀到一位教授家吃饭。席间，教授问他是否喜欢莎士比亚。商人回答：“喜欢。但我更喜欢威士忌。”众人哑然。

回家的路上，商人的朋友对他说：“你真蠢！干吗提威士忌？谁都知道莎士比亚是一种奶酪。”

【简评】风马牛不相及的粗俗回答，自以为是的粗鄙责骂，越强调，越显得浅薄无知。

婚前检查

女儿："妈妈，我和小王订好了在国庆节结婚。"

母亲："只有几天了，来得及吗？听说现在结婚前还要进行检查。"

女儿："我早就查过了。"

母亲："怎么样？"

女儿："小王的父母有18万元存款，他自己还存了5万元，听说他奶奶还有一副手镯，百分之百纯金的……"

【简评】"婚前检查"是由医生检查身体健康状况，哪里是去检查财产和金钱！

好办法

一个富翁非常怕死。

"您不要怕死，"一位到处行乞的穷汉说，"对于您这样的富人有一个好办法，跟我回我的家乡，我的家乡从未死过一个富人。"

【简评】移居他乡岂可长生？"我的家乡"不是富人不死，而是没有富人。

最接近的

生物老师讲完了达尔文的进化论，见离下课还有一点时间，便向学生提出一个问题："最接近人类的动物是什么？"

一个学生抢着回答："虱子！"

【简评】“接近”指物种进化分类，并非指空间距离。

我说得多准

一位老人找医生看病。医生仔细检查后说：“您很健康，能活九十岁。”

“我今年已经九十岁了。”

“您看看，我说得多准！”

【简评】能愿动词是表示愿望与可能的。“能活九十岁”是估计其年龄的上限即最大寿命。既然年已九十，就到了“死期”，医生的话越准，老人就越“该死”。看病本为的多活几年，谁来要你宣判死刑！

2. 引申义

在本义的基础上经过推演发展而产生的意义是引申义。一个词的引申义可以有许多。本义与引申义、引申义与引申义之间如果弄混，常常也会形成幽默。

历史

历史课上，老师责问一个学生为什么没有完成作业。

“我去女友家了。”学生答道。

“那么我问你，你知道历史有多么重要吗？”老师严厉地问道。

“知道。”学生回答说，“如果我不去见女友，我们的关系就会成为历史。”

【简评】“历史”可以指“过去的事实”，并不单指历史课，学生“巧妙”地加以辩解。

打

在公交车上，爸爸对孩子说："你都 13 岁了还打不过你妈妈，我 10 岁就打得过你奶奶了。"

旁边老大爷听了大吃一惊，说："有你这样教育孩子的吗？"

那位爸爸愣了一下说："我说的是打羽毛球。"

【简评】"打"的义项很多。"打"的对象是人，那是斗殴；对象是球，那是参加体育活动。

过不过

晚上和老公看完电影回家，经过路口的时候，人行道的绿灯已经不停地闪烁了。

我就对着旁边的老公喊了声："我们还过不过了？"没想到他回了句："凑合着过吧，难道你还想离了啊？"

【简评】妻子要"过"的是人行道，丈夫要"过"的是日子。

住了一辈子

柏树底下坐着一位胡须浓密的长寿老人。有个旅行者走上前问道："先生，您已经在这个村子里住了一辈子吗？"

老人耸耸肩回答道："还没有。"

【简评】"一"表示整体，"一辈子"表示终生。但这里是概数，大致如此。老人所忌讳的，是因为还有副词"已经"，怕人盖棺论定。

三十而立

魏博节度使韩简，性粗质，每对文士，不晓其说，心常耻之，乃招一士人讲《论语》，至《为政》篇。明日喜谓同官曰：“近方知古人禀质瘦弱，年至三十，方能行立。”如此解，则“四十无闻”便是耳聋，“五十知命”便是能算命矣。（明冯梦龙《古今笑史》）

【简评】“三十而立”用的是“立”的引申义，指事业上有所建树。韩简这样说恐怕是上了老师的当。

置帽僧头

张逸密学知成都，善诗；僧文鉴大师，蜀中民素所礼重。一日，文鉴谒张公，未及见。时华阳主簿张唐辅同俟于客次，唐辅欲搔发，方脱乌纱，睥睨文鉴，置于其首。文鉴大喧怒，张公遽召，才就坐，即白曰：“某与此官人素不相识，适将幞头罩某头上。”张公问其故，唐辅对曰：“某方头痒，取下幞头，无处顿放，见师头闲，遂且权置少时，不意其怒也。”张公大笑而已。（宋邢居实《拊掌录》）

【简评】器物不在使用中才叫“闲”。在主簿看来，脑袋是专为托帽子用的，所以才把大师的头当帽架。殊不知，僧人的光头并非器物，是必须闲着的，别说帽子，连头发都不托。

裁缝

年旱，太守令法官祈雨，雨不至，太守怒，欲责法官。法官禀云：“小道本事平常，不如某裁缝好。”太守曰：“若何？”答曰：“他要落一尺，就是一尺。”（明浮白

主人《笑林》）

【简评】法官要“落”（降下）的是雨，裁缝要“落”（赚下）的是布，风马牛不相及。不过，布长、雨深都论“尺”，此一偶合，倒也难得。

遗书与遗言

有个员工在公司楼下捡到一本书，便在门前贴了一张纸条，写道：“遗书一份，速来认领。”

第二天，纸条旁边又多了一张纸条，上面写道：“多谢遗言，好心平安。”

【简评】“遗书”“遗言”“遗著”“遗嘱”中的“遗”专指死者留下的，必须弄清楚。

有人管

甲：“你爸爸真可怜，那么大年纪了也没人管。”

乙：“谁说没人管，他买根冰棍都得向我爱人请示呢！”

【简评】“管”应该是负责供给，照料生活，而不是严加管制。

补票

动物园入口处，守门人拉住一位带孩子的老太太，指着孩子示意说：“老人家，请补票。”

老奶奶瞧瞧手里那张被撕裂的门票，为难地对守门人说：“对不起，我忘了带糨糊来。”

【简评】守门人说的“补票”是“补买门票”，不是“粘补门票”。

愿脚踢

樵夫担柴，误触医士。医怒，欲挥拳。樵跪曰："宁受脚踢。"旁人讶之。樵曰："经他手，定然难活。"（明冯梦龙《笑府》）

【简评】"经手"是经过亲手处理的意思。一经庸医诊治，便知此命难保，可谓虎狼医也。所以不请动手，宁受脚踢。

咨询大师问题

男："大师，为什么我家产数亿，高大英俊，却就是得不到她的芳心呢？"

大师递给他一个完成了一半的竹篮。

男："大师，我明白了，您是要告诉我不要半途而废吗？"

大师："我让你接着编。"

【简评】不是接着编竹篮，而是接着编造瞎话，捏造不切实际的所谓事实，诸如什么家产、颜值之类。

梦想

一个眼睛昏花、大字不识的老太太去医院看病。大夫为老太太检查完眼睛后说："不要紧，配上副眼镜就可以看书识字了。"

"真的吗？"老太太惊奇地问。

"当然是真的。"

"那可太好了！您不知道，我一辈子大字不识，天天都梦想有这一天哪。"

【简评】"可以"既可表示具备某种条件，即被允许，也可表示具有某种能力或本领（相当于“会”）。眼镜只解决视力问题，哪里能够扫盲？

薄酒

有卖酒者，夜半或持钱来沽酒，叩门不开，曰：“但从门缝投进钱来。”沽者曰：“酒从何出？”酒保曰：“也从门缝递出。”沽者笑，酒保曰：“不取笑，我这酒儿薄薄的。”（明江盈科《雪涛谐史》）

【简评】“薄”，引申为“不浓”。酒从门缝能出，极言其薄，搀了大量的水。揭店主的老底，这样的酒保岂不找倒霉？

书低

一秀才赁僧房读书，惟事游玩而已。忽至午归房，呼童取书来。童持《文选》，视之曰：“低。”持《汉书》，视之曰：“低。”又持《史记》，视之曰：“低。”僧大诧曰：“此三书熟其一，足称饱学，俱云低何也？”试问之，乃取书作枕耳。（清陈皋谟《笑倒》）

【简评】僧人以其引申义论书水平之高低，哪知秀才取其本义，是要用来作枕。

三阿弟

汉时有一神相来访刘玄德，刘使观相。相者曰：“汝相甚好，白面而白心。”因令相云长，相者曰：“汝相亦好，赤面而赤心。”刘闻之，急握张翼德手曰：“三阿弟险矣，莫相罢。”（明浮白主人《笑林》）

【简评】照“神相”的公式，翼德黑面，必然“黑心”。这就不是用“黑”的本义指颜色，而是用其引申义指“心肠狠毒”了，难怪刘备劝张飞“莫相”。

头发梳光

公司老板批评办事员说：“你又是头发蓬乱地来上班，太不注意仪表了。我像你这种年纪时，每天早晨都把头发梳得光光的。”

办事员不好意思地说：“看得出来，先生，您现在一根头发也没有了，确实光光的。”

【简评】公司老板说的“光光的”是头发“油光锃亮”的意思，而不是“头发光秃秃地一根不剩”的意思。

不白之冤

陈句山先生，年逾耳顺，须尚全黑。裘文达戏之曰：“若以年而论，公须可为抱不白之冤矣。”（清独逸窝退士《笑笑录》）

【简评】“白”指颜色，这里故意移用以作调侃。其实，老当益壮，不白又有何冤。

3. 比喻义

借用一个词的基本意义来比喻另一种事物，这时所产生的新的意义是比喻义。比喻义与修辞上的比喻不同，后者只是一种临时的修辞现象，离开特定的语言环境，这种意义就不存在。如“书籍是人类进步的阶梯”，“阶梯”这个词并没有“书籍”这个义项，只是临时打个比方而已。词的比喻义则不同。它虽然大多通过修辞的比喻用法逐渐形成，但已经成为词的一种固定意义，可以脱离一定的语言环境而直接使用，几乎感觉不到它是一种比喻。如“帽子”的基本义是“戴在头上保暖、防雨、遮日光或做装饰的用品”，而在“不要乱扣帽子”中则是用的比喻义，即“罪名或坏名义”。

有意无意地错解词的比喻义往往会形成幽默。

卖盐官

海丰张穆庵都转，一日呼驺[①]出署，有老妇拦舆诉夫置别室[②]者，公笑遣之曰：“我是卖盐官，不管人家吃醋事。”（清独逸窝退士《笑笑录》）

〔注释〕①驺（zōu）：古时掌管养马并管驾车的人。②别室：妾，侧室。

【简评】“吃醋”指在男女关系上产生嫉妒情绪，“醋”不是指油盐酱醋的醋！

呆县丞

长洲县丞马信，山东人，一日乘舟谒上官，上官问曰：“船泊何处？”对曰：“船在河里。”上官怒，叱之曰：“真草包！”信又应声曰：“草包也在船里。”（明浮白斋主人《雅谑》）

【简评】“船泊何处”是问地址，“在河里”是废话——船只走水路。“草包”骂人无能，是比喻义，此君却当作本义，回答倒是挺快，憨态可掬，令人捧腹。

“犯上”春联

纪晓岚春节回家省亲，乡里一家兄弟三人请他写春联。他写了一副春联:“惊天动地门户，数一数二人家”，横批是“先斩后奏”。

这一来可不得了，有人以“犯上”告了他个欺君之罪。乾隆皇帝得知，立召纪晓岚回京查问。纪晓岚回道:“春联是我写的，没有错。这家老大是卖炮仗的，不是惊天动地的门户吗?老二是集市上管斗的，成天一斗二斗地叫，不是数一数二的人家吗?老三是杀猪的，不是先斩后奏吗?”

说得乾隆皇帝也笑了。

【简评】词的本义全掩盖了起来，乡亲就成了权势超群的“天是老大，他是老二”的风云人物，不但乡里，连皇帝也惊惧了。纪晓岚经常开文字玩笑，所以乾隆知晓后也不以为然，一笑了之。

断老弦

从前有个人不爱学习，没有学问，却爱假充斯文。

一天，有人告诉他:某人新近断弦了。他问:“什么叫断弦?”那人说:“死了女人叫断弦。”

不久，这个人死了母亲。别人见他身着重孝，就问:“怎么了?”

他文绉绉地回答:“我新近断弦了。”

那人惊奇地又问:“断弦怎么穿这么重的孝?”

他想了想，补充说:“我断的是老弦。”

【简评】“女人”用指女性，也可专指妻子;“断弦”则专指丧妻，并无新老之分。不懂装懂，强词夺理，结果贻笑大方。

三、同音词

读音相同而意义不同的词叫同音词。现代汉语中真正的同音词并不多，绝大部分可就上下文确定其意义。但有的也会弄错，造成笑话。

有意为之，用同音词构成谐音双关的例子，放在“修辞”一章讲述。这里只讲无意误用而导致错谬的例子，包括同音误解和忌讳误用两种情况。

1. 同音误解

甲乙二词读音完全相同，而词义截然不同，错将乙词当成了甲词。

琵琶结果

沈生谓予有送枇杷与一令者，错写作“琵琶”。令笑口号曰：“‘枇杷’不是此‘琵琶’，只恨当年识字差。”适有客在座坐，足之曰：“若使‘琵琶’能结果，满城箫管尽开花。”令大叹赏。（明姚旅《露书》）

【简评】对此类同音词要格外注意，避免用错。小诗末二句颇有余韵。

知母贝母

人有初开药肆者，一日他出，令其子守铺。遇客买牛膝并鸡爪黄连，子愚不识药，遍索笥中无所有，乃割己耕牛一足，斫二鸡脚售之。父归，问曾卖何药，询知前事，大笑发叹曰：“客若要买知母贝母时，岂不连汝母亲抬去了！”（明乐天大笑生《解愠编》）

【简评】药材并非动物器官，偶尔音同罢了，不可望文生义。

若买知母，最多不过才卖母亲一人；如相声所说，人家来买“附子”（父子），得卖爷俩儿；买“砂仁”（仨人），就得全家（一家三口）跟人走了。

这辈子太短了

一对结婚多年的夫妻，睡到半夜，先生突然转身紧紧抱住太太，说：“这辈子太短了。”太太感动地掉下热泪。

谁想先生坐起来，抻抻被子，说：“连脚都盖不到，好冷。”

【简评】同音词造成误解。此“被子”非彼“辈子”。

2. 忌讳误用

古代有所谓“避讳”之说，即不能直言尊者（皇帝、官吏乃至父母）的大名，而代之以相应的其他文字。此外，古今人们均忌讳一些不吉利的言辞。“避讳”不当，便成了笑料。

讳己名

田登作郡，怒人触其名，犯者必笞。举州皆谓灯为火。值上元放灯，吏揭榜于市曰：“本州依例放火三日。”

俗语云：“只许州官放火，不许百姓点灯”，本此。

（明冯梦龙《古今笑史》）

【简评】因忌讳而张榜声明“依例放火三日”，真是无所顾忌。

嘲不及第

昔一士人，带仆挑行李上京赴试，忽被风吹落头巾，仆曰：“帽落地。”士人嘱曰：“今说落物，莫说落地，只说及地（第）。”仆如其言，将行李牢拴于担上。士曰：“仔细收拾。”仆曰：“如今就走上天去，也不会及地（第）了。”（明冯梦龙《笑府》）

【简评】越忌讳越出岔子。不说“落地”而说“及地（第）”，是为了讨吉利，谁知第二句变成了否定句，再加上假设分句的夸张言辞，恐怕这辈子也考不上了。

文绉绉

有个姓朱的财主，又讲忌讳，又爱说话文绉绉。他对新来的小猪倌说：“记住我家的规矩：我姓朱，不准你叫我时带朱（猪）字，叫‘老爷’或‘自家老爷’就行了。平时说话要文雅一点，不准说粗言俚语。例如，吃饭要说‘用餐’，睡觉要说‘就寝’；生病了要说‘患疾’，病好了要说‘康复’；人死了要说‘逝世’，犯人被砍头要说‘处决’……”

第二天，一头猪得了猪瘟。小猪倌急忙来对财主说：“禀老爷，有一个‘自家老爷’‘患疾’了，叫它‘用餐’不‘用餐’，叫它‘就寝’不‘就寝’，恐怕已经很难‘康复’了，不如把它‘处决’了吧！”

财主气得半天说不出话来。小猪倌接着说：“老爷要是不想‘处决’这个‘自家老爷’，让它自己‘逝世’也好！”

【简评】小猪倌把主人教的词语，包括对老爷的、对犯人的，全用上了，读来令人捧腹。

祸从口出

在水果店里，我听见朋友唉声叹气，便把水果放下，询问他为什么。

“我刚才碰见过去的邻居钟太太，”他哭丧着脸说，“我问她丈夫可好，她说：‘他不在了。’我不知她丈夫已于上星期去世，还以为她丈夫出门旅行去了，我说……”

那句话好像卡在他喉咙里。

“你说了些什么？”我追问，“说的可是‘不在的好’？”

“比这还糟。我说的是：‘你为什么没跟他一起去？’”

【简评】“不在了”用于避讳场合，指“死”。这个“了”很重要。说“不在的好”固然不妥；但“不在”毕竟只死一个，要是“一起去”却是死一双。

升与降

有个县官，一心想升官发财，特别爱说爱听吉利话。

有一天，全家吃饺子，县官指着盘子里的饺子故意问：“这是生（升）的吧？”

“爹爹，一点也不生。”儿子抢着说。

“老头子，生不了！”老婆也抢着说。

县官脸色一沉，说：“娘儿们家、小孩子懂得什么！我说生（升）就是生（升）嘛！”

老婆、儿子一齐说：“这饺子不能再煮了，再煮就成糨（降）糊了！”

县官更气了：“什么？什么？不升就够苦了，还要降？”

【简评】老婆、儿子都不捧场，恐怕官运不佳。何不赶在饺子下锅之前问呢！

不敢动

同学踢球骨折，大家在病床前问他："我们这么多人一起来看你，你感不感动？"这位同学回答道："不敢动，真的不敢动，疼……"

【简评】"感动"与"敢动"，一个指心理活动，一个指肢体动作，二者读音相同而含义迥异。局外人享的是"情"，受伤者怵的是"疼"。

四、行业词语

行业词语是各种行业和科学技术方面应用的词语，它往往受社会专业范围的限制。如果不论场合，三句话不离本行，往往会驴唇不对马嘴。

祝神祈止风

有僧道医人同涉，中流遇风，舟楫危甚。舟人叩僧道曰："两位老师，各祝神祈止风何如？"僧咒曰："念彼观音力，风浪尽消息。"道士咒曰："风伯雨师，各安方位，急急如律令。"医亦复咒曰："荆芥，薄荷，金银花，苦楝子。"舟人曰："此何为者？"答曰："我这几般，都是止风药。"（明江盈科《雪涛谐史》）

【简评】僧道三句话不离本行，迷信者尚不足笑，唯医生将药名当咒念，一本正经却令人捧腹，可知是庸医——止风药止的是自然风吗？

书手赋诗

苏人有二婿者，长秀才，次书手。每薄次婿之不文，次婿恨甚，请试。翁指庭前山茶为题。咏曰：

据看庭前一树茶，如何违限不开花？

信牌即仰东风去，火速明朝便发芽！

翁曰："诗非不通，但纯是衙门气。"再命咏月。咏曰：

领甚公文离海角，奉何信票到天涯？

私渡关津犹可恕，不合黉夜入人家！

翁大笑，曰："汝大姨夫亦有此诗，何不学也？"因请诵之。首句云："清光一片照姑苏。"哗曰："差了，月岂偏照姑苏乎？须云照姑苏等处。"（明冯梦龙《笑府》）

【简评】小诗写茶写月，尚有诗意，可惜全是官家衙门口吻，"违限""信牌""火速""公文""信票""私渡""不合"等公文术语夹在诗中，显得不伦不类。诗歌全凭想象夸张，方有诗意；若当公文来写，兴味全无。

胖子求医

一位胖子找医生寻求减肥的药。

"你应该多喝浓茶。"医生说。

"我几乎每分钟都在喝！"

"你应该多运动，少睡觉。"医生又说。

"我每天只睡三四个小时！"

"那么，你每天只吃一片面包，我肯定你马上会瘦下来的！"医生说。

"太好了！不过，是饭前吃还是饭后吃？"

【简评】在胖子看来，医生的每句话都是专业术语，"面包"也是"药"。不仅不节食，再多加上这"面包药"，看来减肥是没有希望。

五、熟语

熟语是人们常用的定型化了的固定短语，是一种特殊的词汇现象。它的意义和用法，均相当于一个语言单位。

熟语包括成语、惯用语和歇后语等。

1. 成语

成语是一种约定俗成、沿袭使用的具有书面语色彩的特殊的固定短语。成语的意义并非其构成成分各项意义的简单相加，而是在此基础上进一步发展概括出来新的特殊的整体意义，字面意义往往只能起一种启示或比喻的作用。如果不了解这一点，望文生义，就会闹出笑话。

语误

刘髦二子俱登进士。长子妇入京，公送登舟，以手援之。郡守见而笑。公曰："府公笑我乎？若跌入水，尤可笑也。"次妇入京，公时卧疾，呼之床前，曰："老年头风①，可贸②一帕寄回。"明日登程，诸亲毕会，忽呼子妇曰："毋忘昨夜枕上之嘱。"众骇然，问其故，乃始抚掌。（明冯梦龙《古今笑史》）

〔注释〕①头风：头痛。②贸：购买。

【简评】"枕上之嘱"通常专指夫妇之间的悄悄话，同枕时的肺腑之言；公公用对儿媳，难免使人骇然。

九死一生

"大夫，我已经不可救药了吧？"

"不，先生，不要这样灰心。虽然这种病是'九死一生'，但侥幸的是，据统计，我治疗过九个这样的患者，都死了，而您是第十个。”

【简评】“九死一生”形容经历极大危险而幸存。“九”是极言其多，并非确指，死九个活一个。治病靠医术，哪能靠成语打包票。治九个死九个，从概率讲，第十个倒是死的可能性极大，不仅无侥幸可言，反倒使人担心。

2. 惯用语

惯用语是指人们口语中常用的短小定型的习惯用语。同成语一样，惯用语的意义多是比喻性的，而且常常隐含在表面意义之后，如果有意无意加以错解，便会形成幽默。

胳膊扭不过大腿

骨科老师：“为什么股骨骨折不用手法复位，而用牵引固定方法？”

学生：“因为胳膊是扭不过大腿的，所以不能用手法复位。”

【简评】不能用文学语言解释科学现象：俗话是俗话，医学是医学。

打成一片

父亲看到儿子的操行评语，勃然大怒：“你都跟谁打过架？”

儿子被突如其来的斥责吓坏了，结结巴巴地说：“我从未跟人打过架。”

“你还嘴硬！这里明明写着‘经常和同学打成一片’，老师会冤枉你吗？”

【简评】“打成一片”是表示关系融洽，岂是乱打一锅粥？

打光棍儿

财主:“小子，有女朋友没?”

二狗:“没，老大给介绍一个呗。”

财主:“来人，给我打!”

二狗:“为啥?”

财主:“大师说我要打一辈子光棍儿。”

【简评】“打光棍儿”是比喻成年男子处于单身无配偶状态，并非指专门殴打这类人群。

不请客

一人性极吝，从不请客。一日，邻人借其家设宴。有见者，问其仆曰:“汝家主今日请客乎?”仆曰:“要我家主请客，直待那一世来。”主人闻而骂曰:“谁要你许他日子!”(明浮白主人《笑林》)

【简评】“直待那一世来”是惯用的夸张语言，本来就是无限期、不可能之义，主人却道许了日子;连下辈子都不请客，可见吝极。

打狗手

衙门里的狗腿子下乡催收税银。他刚刚走进一户人家，只听“汪”的一声，一只大黄狗扑了上去，前爪搭在他的肩上，咬住衣服不放，吓得他乱喊乱叫。

主人闻声赶来，对儿子说:“快去打狗手!”

狗哪来的手呀?儿子知道父亲恨透了这般人，就抡起铁锨，瞅准狗腿子的两手打去。

狗腿子火冒三丈，说:“哼!简直想造反!不去打狗，反来打我，看我怎么收拾你！”

主人忙笑着说：“我是喊他去打狗的啊！”

“那你为啥叫他打狗手？难道狗有手吗？”

主人长叹一声说：“唉，有什么办法！我不敢说打狗腿子呀！”

【简评】“狗腿子”是指给有势力的坏人奔走帮凶的人，这里假作忌讳，实为嘲弄。

说嘴

京城里选拔将军，很多人在围观。一人指着竞选者说：“这些人长得并不魁伟。我们老家有个巨人，站起来头顶屋梁脚踏地。”

另一个人听了，不服气地说：“那算什么！我们老家有个巨人，坐在地上，头就能顶着屋梁。”

又一人说：“你们俩说的都不足为奇。我们老家有个人，张嘴的时候，上嘴皮顶着屋梁，下嘴皮搭在地上。”

有人问：“那这个人的身子呢？”

“哎，问身子干什么！这只不过是说说嘴而已！”

【简评】“说嘴”是“吹牛、说大话”的意思，这里却构成动宾词组，拆开来解释，以为笑谑。

打着灯笼难找

有个人只会百家姓的头一句“赵钱孙李”，但他以为教书省心省力，便自己开馆。他教得非常仔细，一个字教很多天。学生家长催他，他总说：“不急，不能急！”

久而久之，家长犯了猜疑。教书先生也害怕被识破，便领了工资，趁天黑偷偷地逃跑了。家长发现上了当，提着灯笼，拿上棍子，紧紧追出村来，边追边喊，要把他抓住狠揍一顿。教书先生吓得一头钻进柴垛，不敢作声。家长打着灯笼找了半天没有找到，只好自认倒霉。

过了不久，这个人又到别的村子教书混饭吃。人家问他："你的学问怎么样啊？"他说："学问深浅一时难以说清。跟你这么说吧，我原先教过书，后来我不干了，他们打着灯笼也找不到我！"

【简评】"打着灯笼也找不到"言其非同寻常，难能可贵，这里却是讲的真事儿，借此以抬高自己的身价。

做文章

儿子："爸爸，请帮我改一下这篇作文吧！"

爸爸："那怎么行。我对写文章一窍不通，怎么帮你的忙？"

儿子："你骗人！你怎么不会做？人家都说你摆摊卖水果时总爱在秤盘上做文章。"

【简评】"做文章"指写文章，喻指耍花招。这里的"做文章"，是人家说他在秤盘上做了手脚。小孩子用"做文章"一下揭了父亲的老底儿。

不管三七二十一

外甥今年6岁，参加小学入学考试回来对我们说："有一道算术题是3乘7等于多少，我不会算。"

"那你怎么办呢？"

"我不管三七二十一就写了个十五。"外甥回答。

【简评】乘法不会，也不知道惯用语“不管三七二十一”是怎么来的。上来就答，真是“不管三七二十一”。

张大千的劝酒辞

著名国画大师张大千要从上海回老家四川。他的学生设宴为他送行，同时邀请了梅兰芳等社会名流出席。宴会开始，张大千向梅兰芳敬酒：“梅先生，你是君子，我是小人，我先敬你一杯。”梅兰芳不解其意，忙含笑问：“此作何解？”张大千笑着答道：“你是君子——动口；我是小人——动手。”在场宾客都对张大千的幽默报以热烈的掌声。

【简评】唱戏用嘴，画画用手，“君子动口不动手”便有了新解。

3. 歇后语

歇后语是由近似于谜面、谜底的两个部分组成的一句话。两部分之间有间歇，而后设部分常常不说出来，让人猜想它的含义，所以叫歇后语。

歇后语常用“喻意”和“谐音”两种方式，它本身即生动活泼，饶有趣味，具有一定的幽默效果。

这里所谈的是一种特殊的歇后语：一个固定短语，有意省略其后部，让人在补想时深思，达到特殊效果。此种方式在古代经常用作文字游戏。

以歇后语为寿

一士人家贫，欲与其友上寿，无从得酒，但持水一瓶，称觞时，谓友人曰：“请以歇后语为寿，曰‘君子之

交淡如。’”友应声曰：“醉翁之意不在。”（明江盈科《雪涛谐史》）

【简评】二句古语歇后，与饮宴场合全符。难得的是一个“歇”水不说，以遮掩寒酸；一个未饮先醉，“歇”酒不提，豁达大度，可谓至交。

第三章　语法

语法是指词、短语、句子等语言单位的结构规律，也指研究语言结构规律的科学即语法学。

语法学分词法学和句法学两部分。词法学研究词的结构、词形变化和类；句法学研究短语、句子的结构规律和类型。

一、词类

词类是词的语法分类。划分词类的标准是词的意义和语法特征，主要是词的语法功能。

词一般分名词、动词、形容词、数词、量词、代词、副词、介词、连词、助词、语气词、象声词等。

（一）名词

名词表示人或事物的名称，以及时间、处所、方位等。

1. 专用名词

表示人或事、地点等专有名称的词为专用名词。姓名为专用名词，如果把它当成普通名词加以错解、戏解，便形成了幽默。

宰予昼寝

一师喜昼睡。弟子曰：“‘宰予昼寝’之义何解？”

师曰:“我不讲，你怎的晓得?宰者，杀也;予者，我也;昼者，昼时也;寝者，睡一觉也;合而言之，便杀我，定要昼时睡一觉也。”(明无名氏《时尚笑谈》)

【简评】“宰予”是孔子的弟子。专用名词不能看成动宾词组。弟子以圣人之道相讥，老师则以戏言解嘲。

讳名

钱大参良臣，自讳其名，其幼子颇慧，凡经史中有“良臣”字辄改之。一日，读《孟子》“今之所谓良臣，古之所谓民贼也”，遂改云:“今之所谓爹爹，古之所谓民贼也。”可笑，可笑。(元仇远《稗史》)

【简评】“避讳”避的是父亲的大名，言谈中可将此专用名词换成称谓。《孟子》中的“良臣”是偏正关系短语，要“避”也只能换成相应的同义词或短语。字虽相同，含义迥异。只为要避讳，爹爹成民贼，欲孝反成不孝。

非常不敢说

五代时冯瀛王门客讲《道德经》首章，有“道可道，非常道”。门客见道字是冯名，乃曰:“不敢说，可不敢说，非常不敢说。”(宋无名氏《籍川笑林》)

【简评】什么都不敢说，还讲什么经!

笑话一担

秀才年将七十，忽生一子，即名曰“年纪”。未几，又生一子，似可读书者，因名曰“学问”。次年又生一子，笑曰:“如此老年，还生此儿，真笑话也。”又名曰

"笑话"。及三人年长无事，俱命入山打柴，及归，夫问曰："三子之柴孰多？"妻曰："年纪有了一把，学问一点也没有，笑话倒有一担。"（清石成金《笑得好》）

【简评】专用名词用在句中现出了本义，成为妻子对秀才一生潦倒的笑骂。

2. 普通名词

普通名词多用于表示人或事物名称的概念。利用概念的变化关系，有意无意地对概念加以曲解，可以形成各类幽默。

做酒

甲乙谋合本做酒，甲谓乙曰："汝出米，我出水。"乙曰："米都是我的，如何算账？"甲曰："我决不欺心，到酒熟时，只逼还我这些水便了，其余都是你的。"（明冯梦龙《笑府》）

【简评】酒熟之后，水还是"水"、米还是"米"吗？醇酒归你，酒糟归人，如此合作，还不欺心？

嘲老童生

某童生年过八十，督学问及四书五经，多不记得。有人作了副对联嘲笑他："年纪八十尚称童，可云寿考；到老五经犹未熟，不愧书生！"

【简评】明清两代没有考秀才或没有考取秀才的读书人，不管年龄大小，都称为童生或儒童。童生一般年龄不大，而今八十，可谓"寿考"（高寿）；书生指读书人，一般为年轻人，谁想读到耄耋之年还没考取，此为名副其实的书"生"（生疏）。

糊涂一世

有位滴酒不沾的古怪老太太破天荒尝了一口啤酒。“奇怪！”她疑惑地抬起头，喃喃地说，“这味儿跟我老头子二十年来喝的药一个样。”

【简评】受骗二十年仍不察觉，至今“药”“酒”莫辨，看来真的要糊涂一世。

籍贯

学生：“老师，籍贯这一栏怎么填？”

老师：“就填你出生的地方。”

学生：“噢，明白了。我的籍贯是关厢产院。”

【简评】籍贯是指祖居或个人出生的地方，指行政区划，而不是指具体某个医院。

丈夫得了阑尾炎

“医生，请你来一下，我丈夫怕是得了阑尾炎了！”电影明星在电话里焦急地喊着。

“好，太太，请你放心！”医生听后平静地说，“我前年已经给你丈夫把阑尾割掉了；我还没有听说过世界上有人长两条阑尾的。”

“你说得不错！”女明星生气地说，“难道你不知道我已经换了一个丈夫吗？”

【简评】丈夫换了，阑尾自然也就换了。

假痴

一位汽车司机以一百公里的时速行驶，因超速而被交警拦车罚款。司机为自己辩解，他问警察：“请问按多快速度行车应该罚款？”

“凡超过一小时八十公里的车速都该罚款。”警察理直气壮地说。

司机强辩道：“可我刚刚开车半个小时，行程也不过五十公里啊！”

【简评】“速度”是指运动物体在某一方向上单位时间内所经过的距离。这个单位可以是小时，也可以是分、秒。即使只开半个小时也是超速行驶，何必装傻充愣？

不容怀疑的数学

有位老师对学生说：“数学是不容怀疑的。”她举了这样一个例子：“一个人建造一间房子需要12天，如果12个人一齐动手，这间房子一天就可以建成了。”

学生们于是就模仿着老师的样子推理说：“如果228个人一齐动手的话，那么一个小时就可以把一间房子盖好；如果17280个人一齐动手的话，就只要一分钟；如果1036800个人一齐动手的话，就只需要一秒钟了……”

有位学生继续推理说：“照这样推算，一艘轮船横渡大西洋需要6天，如果6艘轮船一齐开航，一天就可以横渡大西洋了。老师说了，数学是不容怀疑的！”

【简评】数学是研究现实世界的空间形式和数量关系的科学，而不是简单的加减法。作为具有普遍意义的基本理论或科学原理，它的付诸实施还有赖于客观条件，譬如盖房除劳动力之外，还要受工具、时间、空间等诸多条件限制；横渡是一船连续航行，岂是6船速度相加。

律师收费

律师："我这里规定，回答两个问题，收费一百元。"

委托人："你不认为这样收费太贵了吗？"

律师："不，不贵。好，请提第二个问题。"

【简评】这也算一个？这里的"问题"当指有关法律咨询、刑事诉讼方面的实质性问题。如果连一般问话均计算在内，则见面连"您好吗"也不敢问了。

戒烟保证书

莱斯是个烟鬼。他的妻子三令五申地要他戒烟，但他却充耳不闻。末了，妻子下了最后通牒，如果不保证立刻戒烟，便同他离婚。

莱斯屈服了，他不得不写下这样一张"戒烟保证书"：本人自明天起，决定戒烟。莱斯于今日

【简评】时间名词是对某一特定时间的概括，这份保证书既无日期，且是"决定"，什么时候读来都是"明天"，每一个"今天"都可以抽。

3. 名词的词缀

部分名词是由词根加词缀构成的。词缀分前缀和后缀。前缀如"老（虎）""阿（姨）"；后缀如"（帽）子""（木）头""（作）者""（科学）家""（教）员""（拖拉机）手"等。词缀一般只表示语法意义，少数兼有词汇意义。

老大徒伤悲

"小虎，别这么贪玩了，要珍惜时间。古人说：'少

壮不努力，老大徒伤悲。’”

“姑姑，你不知道我是老二吗？”

【简评】原诗的“老大”系并列结构，而在现代汉语中，“老”字有时只作词的前缀，用以表示顺序，如兄弟排行。

（二）动词

动词表示动作、行为、心理活动或存在、变化、消失等。

1. 表示动作、行为的动词

一真一假

解缙是有名的才子。有一天，皇帝对他说：“卿家，人人都说你很聪明。今天我叫左丞相说一句真话，叫右丞相说一句假话，只准你加一个字，把这两句话连成另一句假话，行吗？”解缙连称“遵旨”。

左丞相说了句真话：“皇上坐在龙座上。”

右丞相说了句假话：“老鼠捉猫。”

这是风马牛不相及的两句话。大臣们都很担心。

解缙应声说道：“皇上坐在龙座上看老鼠捉猫。”

这当然是天大的假话了。

皇帝还不肯罢休，改口道：“还是那两句话，你再用一个字把它连成一句真话！”

解缙随即答道：“皇上坐在龙座上讲老鼠捉猫！”

【简评】“看”是“使视线接触人或物”，其宾语必须是客观存在；而“讲”只需用嘴，尽可信口雌黄，像这个皇帝及大臣一样。

父子对话

父亲："彼得，别拉猫的尾巴！"

儿子："爸爸，我只是握着尾巴，是猫在拉！"

【简评】"拉""握"的动作分得很清，独独不懂力的相互作用原理。你不"握"它，它不跑，能"拉"吗？

包治百病

女："老公，我生病了。"

男："生病看病呗。"

女："给我买个包吧。"

男："生病看病呗，你买包干吗？"

女："你没听说过吗？包治百病。"

【简评】"包治百病"的"包"并非指名词手包，而是动词，指把整个任务承担下来，负责完成。

反借

卡迪经常叫他的孩子到邻居家去借东西，但永远不还。这一天，小孩儿又来了，说："我家要吃猪排，爸爸叫我来借点茄汁。"

过了几天，邻居的小女儿来到卡迪家，说："我家要吃茄汁，爸爸叫我来借点猪排。"

【简评】动词"借"是"暂时使用别人的物品或金钱"。借是出于急需，一般是有主借次，哪能仅有点茄汁，便想吃猪排？当然，这是对卡迪开的玩笑。

带回来的指纹

警官："你们四个人连一个罪犯也抓不住，真是饭桶！"

警察："长官，我们不是饭桶。罪犯虽然跑了，可是我们把他的指纹带回来。"

警官："在哪儿？"

警察："在我们脸上。"

【简评】指纹要用"脸"来"带"回，好厚的脸皮！四个警察抓不住一个罪犯，不仅挨了嘴巴，而且无一幸免，最终还是饭桶。

二百英镑

一位到伦敦的旅游者下了飞机刚刚走出机场，就看见许多出租汽车。他问了几位司机的姓名，看上了其中的一辆。

旅游者问道："坐一天车，收多少钱？"司机说："一百英镑。"其实根本不需要这么多，但旅游者没说一声价钱贵，就上了车。

司机载着这位旅游者到处游玩，参观了伦敦几乎所有的名胜古迹。旅游者问："明天你又收多少钱呢？""明天？还是一百英镑。""好吧，明天见。"司机听了非常高兴。

第二天，司机又载着这位旅游者到处游逛。傍晚回到旅馆后，旅游者又给了司机一百英镑，说道："明天我要回家了。"司机听后依依不舍，他很喜欢这位旅游者，因为每天一百英镑是一笔不小的收入啊！"您要回家了？您家在什么地方？""在纽约。"

“纽约！”司机很感兴趣地说，“我有个姐姐也在纽约，她叫苏姗娜，您认识吗？”

“当然认识，就是她要我带给你这二百英镑的。”

【简评】钱是“带”到了，只是成了“车钱”。旅游者搞恶作剧，司机也是咎由自取，谁叫他漫天要价呢？

2. 表示心理活动的动词

百岁大寿

小村庄里，人们在庆贺一位九十九岁老人的生日。村主任很自豪，高兴地向老人说道：“老伯伯，衷心地祝贺您。我希望明年能给您庆贺百岁大寿。”

老人很认真地打量了村主任一番，然后说：“为什么不行呢？您身体好像挺结实……”

【简评】“我希望明年能给您庆贺百岁大寿”是双方的事。好话没好听，总有不祥之音。村主任希望老人明年仍能健在；老人则奇怪村主任怎么会活不到明年。

3. 能愿动词——表示可能、必要或者愿望等的动词

不会

一个妇人对人抱怨她的丈夫：“他真笨，既不会喝酒又不会抽烟。”

“你真幸福，找了个模范丈夫。”

“可是他不会喝酒却偏要喝……”

【简评】“会”是擅长、精通此道的意思。不会不等于不干。

非干不可，越不会，越倒霉。

4. 特殊动词——像（如）

“像”表示判断，即两事物在某些方面相同或有某些共同点。

像故裤

郑县人卜子使其妻为裤。请式①，曰：“像故裤。”妻乃毁其新，令如旧裤。（明冯梦龙《笑史》）

〔注释〕①式：式样。

【简评】“像”比较的是两个事物的某一点，而不是全部。这里“请式”的“式”指的是式样，而不是新旧。真是愚到了家。

像猪一样

妻子特别爱吃肉，又担心自己会发胖。

这天她忧心忡忡地对丈夫说：“老公，我这么吃下去，你说我会不会变得像猪一样？”

丈夫笑着安慰她道：“怎么可能呢，不管多胖，你都只有两条腿呀！”

【简评】妻子担心的是发胖，而不是腿多，再“像”猪一样老婆也不会变成四条腿。

5. 自动词和他动词

自动词表示的动作不以某一事物为对象，主语即是行为主体。如来、走、前进、降落等；他动词表示的动作要以某一事物为对象，即要带宾语。如拿、看见、生产、培养等。

故意混淆自动词与他动词的界限，可以形成幽默。

割股

有父病延医者，医曰："病已无救，除非君孝心感格，割股可望愈耳。"子曰："这却不难。"遂抽刀以出，逢一人卧于门，因以刀刲[①]之。卧者惊起。子抚手曰："不须喊，割股救亲，天下美事。"（明醉月子《精选雅笑》）

〔注释〕①刲（kuī）：割。

【简评】"割股"是割自己的股，哪能让别人代为尽孝？我们习惯上把"割股"看作双音合成词（自动词），而不看作动宾短语。此子割他人之股救亲，第知父可以生，而不管他人之死，亦是一点孝心，只欠良心耳。

刮脸

甲："你一天刮几次脸？"

乙："四五十次吧。"

甲："你疯了吗？"

乙："不，我是个理发师。"

【简评】"刮脸"一般也视为自动词，理发师当然例外。

干什么

老婆："老公，我接好水了，你快去洗吧！"

老公："等会，等我玩完这局游戏。"

老婆："不嘛，一会水不热了，乖宝贝听话！"

老公极不情愿地退出游戏，然后洗碗去了。

【简评】"洗"一般指用水冲刷掉物体表面的脏物，只有用作自动词时指“洗澡”。又是帮忙接水，又是撒娇哄劝，乍看确属知冷知热贤内助；直到篇末点题，方知实乃吆五喝六“包工头儿”。一种话，两样说，可见汉语表达魅力无穷。

6. 动词的使动用法

古代汉语中有的谓语动词往往具有“使宾语怎么样”的意思。不了解这些用法，一加错解，意思全变。

雌鸡

或问：“丈人杀鸡以请子路，不知是雄的，雌的？”

答曰：“是雌的，不然，何为见其二子焉？”（明浮白斋主人《雅谑》）

【简评】《论语·微子》：“止子路宿，杀鸡为黍而食之，见其二子焉。”“见其二子”是“使其二子（儿子）出来见（子路）”的意思。这里故作笑谈，将“见”错解成“看见”，将“子”歪解成“卵”“鸡子儿”（鸡蛋），以雅谑答调侃。

（三）形容词

形容词即表示人或事物的性质或状态的词。

形容词表示的性状常常是相对的，而且要有一个客观的评判标准。不同的人，不同的角度，对形容词的理解、体会及运用并不一定完全相同，于是幽默便由此形成了。

邻夫

有睹邻人夫妇相谐和者，夫自外归，见妇吹火，乃赠诗曰：“吹火朱唇动，添薪玉腕斜。遥看烟里面，恰似雾中花。”其妻亦候夫归，告之曰：“每见邻人夫妇，极甚多情，适来夫见妻吹火，作诗咏之，君岂不能学也？”夫曰：“彼诗道何语？”乃诵之。夫曰：“君当吹火，为别制之。”妻亦效吹。乃为诗曰：“吹火青唇动，添薪黑腕斜。遥看烟里面，恰似鸠盘茶[1]。”（唐无名氏《笑言》）

〔注释〕①鸠盘茶：恶鬼名。

【简评】“朱唇”“玉腕”之与“青唇”“黑腕”，“雾中花”之与“鸠盘茶”，可谓色彩分明，颇具情趣。

甘蔗渣

一人拾甘蔗渣而嗄[1]之，恨其无味，乃骂曰：“那个馋牢，吃的这等尽情。”（明赵南星《笑赞》）

〔注释〕①嗄（shà）：吃。

【简评】形容词表示的性质都是相对的。吃自己的甘蔗嚼得尽情，较之拾人余渣且怒其无味，哪个更馋？

恋酒

有顽客者，恋酒无休，与众客同席，饮酣，乃目众客曰：“凡路远者，只管先回。”众客去尽，止有主人陪饮。其人又云：“凡路远者先回。”主人曰：“止我在此耳。”其人曰：“公还要回房里去，我则就席上假卧[1]耳。”（明江盈科《雪涛谐史》）

〔注释〕①假卧：和衣而睡。

【简评】远、近也是相对的。主人自家虽近，比起恋酒贪杯、以酒为命、以席为家的顽客，毕竟还要远上几步呢。

人鞋同寿

售货员向顾客推销鞋子："买双鞋吧，先生，它的寿命将和您一样长。"

顾客听了一笑："我可不相信我会死得这么快。"

【简评】顾此失彼，夸鞋却咒人。一双鞋能穿多少天？寿命这么短，岂不令顾客扫兴！

过桥

神仙铁拐李走过一座用两根木头搭成的小桥。这两根木头，一根粗，一根细，桥面也就一边高一边低，这正好适合铁拐李一长一短的瘸腿，因此，他过得很平稳，就称赞说："天底下要数这座桥造得最好了！"

可是，当他办完事回来再过这座桥时，由于换了方向，那两根一粗一细、高低不平的木头反而加剧了他瘸的程度，铁拐李生气地说："哼！天底下要数这座桥造得最坏了！"

【简评】好、坏是相比较而存在的。铁拐李对桥的一毁一誉，完全出自个人臆断，缺乏一个客观标准。

母亲的回答

女儿抱怨说："妈妈，我们为什么不能住比较贵的房子呢？"

母亲回答说："别着急，我们马上就要住贵房子了！房东告诉我，他从明天起就给我们加房租。"

【简评】贵、贱也是相对的。贵房子不一定是好房子。女儿将房子作比，母亲则是将今明的房租作比，房子是贵了，然而还是那间。

过错

父亲:“儿子，难道你一点也不害臊吗？你已是班上最差的一个学生了。”

儿子:“这能怪我吗？谁叫原来最差的学生转到别的学校去了呢？”

【简评】“差”是相对的。最差的一转学，他就排在了末位。孩子还是那个水平，怪罪不得。

哪个更坏

“妈妈，”小培德问，“腿摔坏了和裤子撕了，哪一个更坏？”

“当然是腿摔坏了更坏！”

“那么您应当高兴，我的腿没摔坏，只是裤子撕了。”

【简评】既然好坏相对，一用选择句式，就怪罪不得了。绝妙的假设。

以假对假

一个苏格兰人去牙科诊所，请医生为他安装了一副假牙。轮到付款时，苏格兰人竟然悄悄地想用伪钞来支付费用，结果被诊所发现了，被扭送到法院。

在法庭上，苏格兰人极力为自己的行为辩护:“我的钱的确是假的。可是，难道牙科诊所安装的牙齿是真的吗？”

【简评】不在真假，而在有无价值。假牙是“真假牙”，管用；

而伪钞则是“真假币”，毫无价值。

夫人的见解

一位夫人到画商那儿去，想买一幅静物画。她挑来挑去，终于挑了一幅画着一束花、一碟火腿和一个面包圈的画。

“要多少钱？”她问道。

“五十镑，这可是非常便宜了。”

“可是，我前天看见一幅跟它一模一样，才卖三十镑。”

“那它一定画得不很好。”画家很肯定地说。

“不，它比这幅好多了。”

“为什么？”

“它那碟子里的火腿比这一幅要多得多。”

【简评】“好多了”，好在肉多。是挑艺术品，还是买火腿？

妙姓

有好奉承人者，见一人问其姓，曰：“姓张。”其人曰：“妙姓。”（明赵南星《笑赞》）

【简评】好话太多，反不值钱。姓氏原是不可选择的，无“妙”可言，爹妈给的，不妙，又能怎么办？

好处

“这幢房子有优点也有缺点，”房地产经济人说，“我是个坦率的人，先告诉你这房子不利的地方：它西边不远处有一些牲畜圈；北面是个橡胶厂；向东过条马路是个污水处理站；正南面有个醋厂。”

“那么，这房子好在什么地方呢？”

“你随时可以知道风向。”

【简评】好一张利嘴！这种位置也能找出优点来。随时知道风向，代价是每时每刻都逃不脱挨熏。

（四）数量词

1. 数词

表示数目和次序的词叫数词。数词包括基数词和序数词，此外还有分数、小数、概数等。

（1）基数词：表示数目多少的词叫基数词。如一、二、十、百、千、万、亿等。

誓联

有县令堂悬一联以誓曰：“得一文，天诛地灭；听一情，男盗女娼。”然馈送金帛者颇多，无不收受，而势要说事，亦必徇情。有曰：“公误矣，不见堂联所志乎？”令曰：“吾志不失，所得非一文，所听非一情也。”（清黄图珌《看山阁闲笔》）

【简评】数词有时并非用作确指。“一”在联中当指最低限额。县令死抠本义，是为贪赃枉法诡辩。

更甚

甲：“还有什么比你咬苹果时发现里面有一条虫子更糟糕的事吗？”

乙：“有，发现里面只有半条了。”

【简评】数量虽少了，却更糟糕，因为那半条已经到了肚里。

拔牙

一位妇女问牙科医生，把她的牙拔出来得多长时间。

“只要 2 秒钟。”医生答道。

“那么这得多少钱呢？”她问。

“25 元。”他答。

“仅仅 2 秒钟就要 25 元？”她说。

“好吧，”牙科医生想了想说道，“如果你愿意，我可以拔得慢一点。”

【简评】有些服务不能以时间计价，拔牙拔慢了岂不是在受刑罚！

数字入诗

乾隆皇帝下江南，在江边赏景，见一艘小舟飞棹而来，即命随行大臣纪晓岚用十个一字，写一首七言绝诗。纪才思敏捷，稍加沉思，口占一诗道：

一篙一橹一渔舟，一个艄公一钓钩。

一拍一呼还一笑，一人独占一江秋。

十个一字，入诗绝妙，乾隆大为赞许。

【简评】数字入诗，非但不枯燥，反觉别致有趣。

妙对

有个穷秀才颇有才学，却因科举场上徇私舞弊之风盛行，屡试不第。这一年，听说主考官廉洁奉公、任人唯贤，他便打点行装，赴京赶考。由于路途遥远，待他历尽千辛万苦赶到城，考试已经结束。秀才好说歹说，终于感动了主考大人，准他补考。

主考出的题目，是用从一到十这十个数字作一上联。

秀才听后心想：我何不把一路的颠簸和误考的原因说上一说，也好求得主考大人的谅解。秀才于是开口说道：“一叶孤舟，坐了二三骚客，启用四桨五帆，经过六滩七湾，历尽八颠九簸，可叹十分来迟。”

主考一听，心中称奇：此生才学不浅！于是又要求秀才从十至一作下联。秀才想：正好借此机会把这些年读书、应考的苦衷表一表，便开口应道：“十年寒窗，进了九八书院，抛却七情六欲，苦读五经四书，考了三番二次，今天一定要中。”

主考听罢，连连称妙。这一年的状元桂冠，就为这位对联高手夺得。

【简评】数字连续增减，堪称妙对。

多卖一倍

一个顾客在店中喝酒。他喝完一杯转身问酒店老板：“您这里一星期能卖掉多少桶啤酒？”

“35桶。”老板极为得意。

“好吧，”顾客想了想，“我想了个能使你每周卖70桶的好办法。”

“什么办法？”老板一下子跳了起来。

“这很简单，你只要每次卖酒时都将杯子里的啤酒装满就行了！”

【简评】讽喻酒店老板真是“生财有道”，卖酒时从来不把酒杯装满。

高明的医生

一个美国人到南美的一个偏僻小镇旅游时生了病。他向当地居民打听：“我要去看病，怎样才能找到一个高明的医生呢？”

那人回答说：“这很容易。这里规定，每当医生治不好一个病人，就得在诊所外悬挂一个气球。”

于是，这个美国人开始寻找好医生。一个医生悬挂了 20 个气球，另一个医生悬挂了 30 个，终于，他发现一个诊所只悬挂了 5 个气球，便走了进去。

“你得等一等，”医生告诉他，“对于一个昨天刚刚开业门诊的医生来说，我简直忙得不可开交。”

【简评】考查的不应是气球总数，而应是气球与就医者的比率所反映出的医术是否高明。

车祸

丈夫因为车祸突然死去，太太悲泣了七天七夜。第八天，人寿保险公司的职员送来保险金，她的哭泣立即停止了。

“哦，100 万元，”妇人高兴地回过头来看着保险公司的职员，然后一本正经地说：“如果花 20 万块钱，可以使丈夫活过来，那多好啊！”

【简评】人死不能复生，花多少钱也活不过来了！能活过来，凭什么给你 100 万？

（2）序数词：表示次序先后的词叫序数词。次序通常的表示方法是用“第”，如“第一”。有时也可以不用“第”，如“三楼”“三年级”的“三”。此外还有些习惯用法，如“初一”“正月”“大小姐”“老儿子”等。

谁大

孙子：“爷爷，二与三，谁大？”

爷爷：“那当然是三大了。”

孙子：“既然是三大，那三姐为啥比二姐小？”

【简评】基数词三比二大，序数词大排行则相反，“三姐”是第三个出生，当然比二姐小。

小明游泳

小军和小明都说自己游泳快，同学们建议他俩去比赛一下。比赛后，妈妈问小明结果怎么样。小明说：“我得第二名。”

“那么小军呢？”妈妈问。

“他只得了个倒数第二。”小明答道。

【简评】小明的妈妈哪里会想到比赛只有两位参赛者。

口试

一个年轻人前来求职。老板也正要雇用伙计，但听说他头脑不清，便问他几个问题。

“你父亲还在世吗？”

“我父亲去世了。”

“你父亲怎么去世的？”

“我父亲回老家后去世的，而且埋在那里。”

“你父亲回过几次老家？”

"回过两次。"

老板听了很高兴，觉得这小伙子头脑不是不清楚，于是又问："你父亲是哪一次回老家后去世的？"

小伙子低头想了一会儿，说道："我记不得了。我不知道他是第一次回时去世的，还是第二次回时去世的。"

【简评】序数词是表示顺序的，"死"则不可排序。如果第一次去时就死了，还会有第二次吗？

最新发明

"您的公司愿意采用我的最新发明吗？这是一种自动刮脸机。只要投进去几个硬币，把头伸进孔内，两片剃刀片就会自动替你刮脸。"

"要知道，每个人的脸形可不同啊……"

"第一次确实如此。"

【简评】第一次使用自动刮脸机的人都要动个大手术，连肉带骨头一起削，以后行是行了，可就不是自己的脸了。

（3）分数：通常用"几分之几"来表示。有时也用"成""分"，如"八成"是十分之八，"三分"是十分之三。分数都小于一。

七分读

秦少章尝云：郭功甫过杭州，出诗一轴示东坡，先自吟诵，声振左右。既罢，谓坡曰："祥正[1]此诗几分？"坡曰："十分。"祥正喜，问之，坡曰："七分来是读，三

分来是诗，岂不是十分耶？”（明王世贞次《调谑编》）

〔注释〕①祥正：郭功甫的字。

【简评】十分为满分。读得如此卖力，占去七分，诗的水平却仅占三分。这是苏公对作者的揶揄。

节约煤

一位精打细算的主妇听说用某一种炉子可以节约一半的煤后说道：“啊，那太好了！我要是用两个这样的炉子，就可以节约全部的煤了。”

【简评】精于算计，愚于计算。用几个炉子也是节煤一半，哪能一点煤也不烧？

治愈率

一个庸医开诊以来，治愈率很低，第一年只有20%。“庸医”的名声传出去了，第二年前来就诊的大大减少，到年底只有两个病人来看病，一个治愈了，另一个医治无效，不幸殒命。

按规定，他要向主管部门提供一份年终总结。他想了想，写道：“由于自己注意钻研业务，对病人的治愈率从去年的20%上升到今年的50%，只有一人死亡。”

【简评】不能光看数字和百分比。医道平庸，计算却精明——好个统计法！

乐观与悲观

有一次，一名新闻记者问大文豪萧伯纳：“萧伯纳先生，请问乐观主义者和悲观主义者的区别何在？”

萧伯纳抚摸着他引以为自豪的胡须想了想，便回答："这很简单。假定桌上有一瓶只剩下一半的酒，看见这瓶酒的人如果高喊起来：'太好了！还有一半！'这就是乐观主义者；如果对着这瓶酒叹息：'糟糕！只剩下一半了。'那就是悲观主义者。"

【简评】"一半"是个定量，即二分之一，可以从不同的角度去看。说"还有"是充满信心，说"只剩下"是悲观失望。

（4）倍数：表示方法是在数词后面加"倍"字。但"倍"字除表示数量外，还可以表示质量，二者一般不会混淆，下面的笑话是例外。

胜伊一倍

高祖尝读《文选》，有郭璞《游仙诗》，嗟叹称善。石动筩起曰："此诗有何能？若令臣作，即胜伊一倍。"高祖不悦，曰："汝是何人？自言作诗能胜郭璞一倍，岂不合死？"动筩即云："大家即令臣作，若不胜一倍，甘心合死。"即令作之，动筩曰："郭璞《游仙诗》云：'青溪千余仞，中有一道士。'臣作云：'青溪二千仞，中有二道士。'岂不胜伊一倍？"高祖始大笑。（隋侯白《启颜录》）

【简评】数量短语"一倍"可表数量，也可表质量。用作论诗，自然是指后者，即指文学水平。这里却是实实在在地用指数量，又确实比原诗数目大"一倍"，移花接木，妙语天成，使人唯有大笑而已。

倍数不清

从前，有个贪婪的商人，在秋天用很低的价钱把农民的粮食买下，囤积起来，到第二年青黄不接的时候，再以高价卖出，当地百姓恨死了他。

一年春天，这个商人又在集市上卖粮。一个秀才走过来问："多少钱一斤？"商人说："十文钱一斤。"秀才说："如果你肯把粮价降低五倍，你这一千斤粮食我全买下，额外送你十贯钱，行吗？"商人一算："我这一千斤粮食按十文一斤卖，也只得十贯钱；粮价怎么降，也得算钱哪。这等好事如何不干！"于是便一口答应，又怕秀才反悔，还找了中人，订了契约。

一切手续履行完毕，秀才说："你的粮价每斤十文，降低五倍，五乘十，就是每斤降低五十文，减去原价十文，每斤你要给我四十文，一千斤共需给我四万文，也就是四十贯，然后我再拿十贯给你。"

商人听了，气得要死，但已订了契约，无法反悔，只好把一千斤粮食白送给秀才，还倒贴了三十贯钱。

【简评】白给粮食又倒贴钱，看来"倍"字不可不慎用。实际应用中，整体为一，一般只有增加时才用"倍"，减少应小于一，一般用"一半"、几分之几或几成表示。

（5）概数词：表示大概数目的词叫概数词。表示时可以借用疑问代词"几"，也可以在数词后面加上"来""多"，如"三十来个人""一百多人"；或在数量词后面加"上下""左右"，如"二十岁上下""三十岁左右"；或者将邻近的两个数词连用，如"七八个"。

着冠几人

动筩又尝于国学中看博士论难云："孔子弟子达者有七十二人。"动筩因问曰："达者七十二人，几人已着冠？几人未着冠？"博士曰："经传无文。"动筩曰："先生读书，岂合不解孔子弟子着冠有三十人，未着冠者有四十二人？"博士曰："据何文以知之？"动筩曰："《论语》云：'冠者五六人'，五六三十也；'童子六七人'，六七四十二也，岂非七十二人？"（隋侯白《启颜录》）

【简评】两个相邻基数词连用表示概数，这里却巧解作乘法运算，自然是正襟儒士不敢有的奇特思路。难得的是，"冠者五六人""童子六七人"，约数确计，恰恰七十有二，虽为笑谈却无纰漏。

恐龙的历史

一名游客旅游时发现到处都是恐龙骨头，就向导游问道："这些恐龙骨头有多少年的历史了？"

"一万万零三年。"导游说。

"你这么肯定？"游客问。

"三年前，一位考古学家说它有一万万年的历史了，今天不是一万万零三年了吗？"

【简评】考古学家对远古年代的估计只能是概数。三年与一万万年相比微乎其微，自可忽略不计，该模糊时就得模糊；一旦认真起来，反倒弄巧成拙，令人啼笑皆非。

2. 量词

又叫单位词，表示计算单位。

量词是事物的衡量标志，所以它的使用常常也十分关键。

糟饼

有个人家里很穷，又不善饮酒，每次出门，吃上两个酒糟饼，就有醉意了。一次遇上朋友问他："你早上喝酒了？"他答道："没有，只是吃的糟饼罢了。"

回到家里，他把这事告诉妻子，妻子说："何必死心眼儿？就说喝了酒，也装些门面。"丈夫点头领会了。等到外出再遇到这个朋友，朋友询问如前，他便以喝酒回答。朋友盘问他说："是热着喝的，还是冷着喝的？"他回答说："是煎着吃的。"朋友笑道："还是吃的糟饼。"

妻子知道了这件事，埋怨他说："酒怎么能说煎着吃呢？得说热着喝的。"丈夫说："懂得了。"下次又遇上这个朋友，不等对方问，他就夸耀道："我今番的酒是热着喝的。"朋友问他："你喝了多少？"他伸伸手指头说："两个。"

【简评】"喝的"东西不论"两"而论"个"，分明还是糟饼。

唠叨

有位老人，说话非常唠叨。他叫孙子去街上买火柴，还再三吩咐："千万记住，买的火柴一定要根根着火。"

一会儿，孙子回来了。

"爷爷，这盒火柴是根根着火的。"

"你怎么知道呢？"

"因为我一路上把每一根都擦过了！"

【简评】量词叠用，表示全体、所有的人或事物。"根根"就是"每一根"。爷爷唠叨过分，孙子理解得也过了头。

便宜U盘

“新买了一个128G的U盘，只花了15块。”

“这么便宜，不是买到假货了吧？”

“真货，我称过了。”

【简评】G在不同学科领域代表多种意义。最常见的是代表重量，而在这里则表示U盘的内存。U盘价格主要和容量G有关，没有必要“称”重量，越重越笨拙。

3·数量关系的计算

事物的数量关系是十分复杂的。有意无意地错用了这种数量关系，在计算中便会出现各类笑话，形成幽默。

染布

一人买布一匹，价百五十，令染人青焉，价三百。既染矣，逾年而不能取。染人牵而索之曰：“若负我钱三百，何久不与？吾讼汝。”买布者跽[1]而请曰：“我布钱百五十矣，再益百五十，其免我乎！”染人得钱而后释之。（清独逸窝退士《笑笑录》）

〔注释〕①跽（jì）：长跪，双膝着地，上身挺直。

【简评】因怕诉讼，只顾凑足三百，白白搭上布和钱。

只有一个警察

一个孩子跟着父亲回家。路上，孩子问：“爸爸，‘醉’是什么意思？”

父亲说：“你看，那里站着两个警察，如果我把它看成四个，那我就是醉了。”

“可是，爸爸，”孩子说，“那里只有一个警察呀！”

【简评】已将一个看成两个，就是醉了。别假设了，和两个看成四个没什么本质区别。

烧砖

地主让长工给他装窑烧砖，等窑点着了，长工念开了顺口溜：“远看像青山，近看冒黑烟。装进六千五，烧出一万三。”

财主一听乐了，夸奖道：“嘿，你做的诗真好啊！”

长工说：“慢，我还有一句哩。”他接着念道：“都是半截砖！”

【简评】诗好砖不好，数目虽然加倍，量词却也变了。这半截砖统统都是废品，怎么盖房子啊！

赛聪明

一个城里人和一个乡下人一同坐火车。

城里人说：“咱们打赌吧！谁问一样东西，对方不知道，就输一块钱。”

乡下人说：“你们城里人比我们乡下人聪明，这样赌我要吃亏的。要是我问，你不知道，你输一块钱；你问，我不知道，输给你半块钱。你看怎么样？”

城里人自恃见多识广，吃不了亏，答应了。

乡下人问：“什么东西三条腿，在天上飞？”

城里人答不出来，输了一块钱。之后，他向乡下人也提出这个问题。

“我也不知道，”乡下人老实承认，“这半块钱给你。”

【简评】同样不会，输的钱数却不相同，还是乡下人聪明，尽捡没影儿的说。

骑手和商贩

从前有个卖马的商贩，总吹嘘自己是训马能手，说他训的马快如闪电，无论跟什么马比赛都能获胜；如果输了，宁愿倒贴500元。

一个骑手经过这里，听了他的话，接口说："你的马真好，我买下了，不过先得试试它的脚力。"待了一会儿，骑手又来了。听到商贩又在为他的另一匹马吹嘘："无论跟什么马比赛，我的马总能获胜。"骑手二话没说，又牵走了第二匹马。

过了好一会儿，还不见骑手来付钱，商贩便去找他。骑手笑道："我跟你已经结清账了，一分钱也没欠你的啊。"商贩一听，急得跳了起来："第一匹马500元，第二匹马500元，你一分钱也没付给我，怎么能说不欠我的钱呢？"

骑手哈哈笑道："真有意思！我让你的两匹马比了一下，一匹在前，一匹在后，第一匹我付你500元，第二匹你倒贴500元，这样不是正好结清了吗？"

商贩一听目瞪口呆，一句话也说不出来。

【简评】骑手巧用数字关系，不禁使人想到"自相矛盾"这个成语故事。

少了两便士

比尔下班回到家里，面带生气的样子。妻子问他：

"为什么这样生气，比尔？"

"上周公共汽车票价还是 3 便士，今天却减为 2 便士……"他没好气地答道。

"那并不是坏事呀，比尔，"妻子高兴地说，"难得减价啊！"

"好什么？"比尔说，"以往我步行上下班，每天可以节省你给我的 6 便士，从今天起，我却少了 2 便士！"

【简评】车票减价本是好事。但妻子相应削减车马费，丈夫步行的收入却减少了三分之一，自然牢骚满腹。

加法

一位夫人已经上了年纪，两鬓灰白，满脸皱纹，但她总想在别人面前把自己说得年轻一点。有一次，她对一位新结识的朋友说："你知道吗？我和我妹妹加起来才 60 岁。"

"哎哟哟！"那位朋友叫起来，"你把这么小的妹妹丢在家里放心吗？"

【简评】彼亏此盈。岁数总和固定，妹妹的岁数越小，夫人的岁数越大。

100 美元

有个外国人住进了洛杉矶的一家旅馆。他不想随身带许多现钱，就请服务员替他把一张 100 美元的钞票放进保险柜里保管起来。

次日清晨，他去取钱，服务员矢口否认。他没有任何凭证，只得去求助附近的一位律师。

律师跟他一起来到旅馆，叫他把另一张 100 美元的钞票交给服务员保管。一小时后，他到服务台去取钱。由于有律师作见证人，服务员不能否认了，便把钱还给了他。

又过了一小时，他按律师的布置开始实行第二步计划，和律师一同来到服务台，又提出取 100 美元。服务员当然说已经取走。律师说："我亲眼看见这个人交给你 100 美元。如果你不马上把钱交出来，我就去叫警察。"服务员知道中了圈套，只好交出了原先那张 100 美元的钞票。

外国人对律师说："您帮我索回了我的钱，我真不知道怎样感谢您才好。请问您的费用是多少？"

律师马上回答："100 美元。"

【简评】律师的数字概念倒是很清楚，绕来绕去，100 美元进了律师的腰包。

电话费

一位老兄昏睡多年，醒来后他做的第一件事就是打电话给他的股票经纪人。经纪人告诉他："老弟，你的一只股票已涨到五百万美元，而另一只股票已涨到一千万美元。"

"我发财了！"这位老兄欢呼起来。

这时，电话接线员插话说："先生，三分钟已到，请付电话费一百万美元。"

【简评】"涨"不一定是好事。股票是涨了，但其他费用涨得更厉害。这么大数值的股票，仅可支付十几次电话费而已。

不见得一样

约瑟尔问售票员："从华盛顿乘火车到洛杉矶要多长时间？"

售票员回答之后，他又问："从洛杉矶乘火车到华盛顿要多久？"

"唉，你这个人，来回一样嘛！"

"这可不见得。从圣诞节到元旦是一周，可从元旦到圣诞节的时间却长得多！"

【简评】比较的对象不同。时间不比空间，它不能倒流。

人寿保险

人寿保险公司的经理斥责自己的一个代理人："你简直是发疯了，竟然想为一个已经年满一百零五岁的人办理人寿保险。"

"可是，经理先生，统计数字表明，人到了这种年纪，死亡的人并不多呀！"代理人振振有词地争辩道。

【简评】计算的基本方法有误：死亡的人不多，是因为活到这个岁数的人太少。

（五）代词

代替名词、动词、形容词、数词、量词的词叫代词。代词有代替、指示作用。它不仅可以代替一个词，还可以代替比词大的单位——短语，甚至也可以代替句子。代词包括人称代词、指示代词和疑问代词三种。

1. 人称代词

用来代替人或事物名称的代词叫人称代词。人称代词主要有：

第一人称代词：我、咱、我们、咱们。

第二人称代词：你、您、你们。

第三人称代词：他（她、它）、他们（她们、它们）。

借牛

有走柬[1]借牛于富翁者，富翁方对客，讳不识字，伪启缄[2]视之，对曰："知道了，少停我自来也。"（明浮白主人《笑林》）

〔注释〕①走柬：传信，送信。②缄（jiān）：信封。

【简评】第一人称代词"我"代的竟是所借之"牛"，只有讳不识字假装文雅的人才会有如此之举。

猜谜

约翰森到澡堂去洗澡，侍者请他猜个谜语："请告诉我，聪明人，这人是谁：他既不是我的兄弟，也不是我的姐妹，但他是我父母的一个孩子。"

约翰森想了半天，说："我不知道。"

侍者笑道："就是我呀！"

约翰森很喜欢这个谜语。回到家里，他便对老婆说："丽莎，你猜这个人是谁：他既不是我的兄弟，也不是我的姐妹，但他是我父母的一个孩子。"

丽莎答不出来。约翰森笑得几乎透不过气来："你不知道吗？他就是澡堂的那位侍者呀！"

【简评】第一人称代词"我"是说话人用指自身。约翰森转述谜语时却忘了转指"自己"。尽管喜欢这个笑话，却并没有弄懂。

离题

父："孩子，我替你写的那篇作文，评上优秀没有？"

子："没有。老师说写得离题了。"

父："不会吧！作文题不是《我的爸爸》吗？"

子："是啊，可您写的是我爷爷呀！"

【简评】既是代儿子写作，就应从儿子角度来写。弄错关系，自然离题。

祝贺

A先生的狗在狗类比丑赛中夺得第一。

B先生说："啊，先生，祝贺您荣获第一！"

A先生纠正道："不，先生，是狗荣获第一！"

B先生忙说："对不起，先生，那么这狗得了多少奖金？"

A先生怒道："不，先生，是我得了奖金！"

【简评】狗代表人参赛，造成人狗合一，主语难以分清。说"狗获第一"没事，说"狗获奖金"是骂人。

我们的……

燕尔新婚，新娘对新郎说："今后咱们不兴说'我的'了，要说'我们的'。"

"好吧！"新郎说完去洗头。

新娘见新郎久不出来，便问："你在干什么呢？"

新郎答道："亲爱的，我在刮我们的胡子。"

【简评】夫妻合称"我们……"，自然亲昵得多；但是，共属的可以，而该分的还得分清。

我可不想脱

儿科诊所的医生在给儿童检查前，总是先由护士给孩子们脱光衣服，量一下体重。

一天，一个5岁的男孩儿随母亲走了进来。他紧抓住母亲的手不放，护士好不容易才把他接过来，一边领向检查室，一边说："现在，让我们脱下衣服，称称我们有多重。"

那孩子立即抽回了手，停下了脚步。

"你先脱，"他说，"我可不想脱！"

【简评】"我们"是站在儿童角度说的，意在表示亲切，怕孩子难为情；谁知小孩儿照实理解，叫护士脱衣，使人难堪。

各抄5遍

尼古拉没有认真学习课文。下课后，王老师对他说："喂，不弄懂课文可不行！这样吧，咱们把这篇课文抄10遍。"

第二天，尼古拉把抄好的课文交给老师。老师一看，问道："怎么？你只抄了5遍？"

"老师，您自己说'咱们把这篇课文抄10遍'。那就应该是我抄5遍，您抄5遍。"

【简评】它把亲昵用语"我们"巧妙拆解为"二一添作五"，偷懒耍滑。

戒指

法官："你为什么不向警察局报告捡到一枚戒指，而据为己有呢？"

被告："因为我看到戒指内侧清清楚楚地刻着'我永远属于你'。"

【简评】人称代词"你"指的是买戒指者的意中人，哪里会是不相识的被告。

人称

在餐馆里，妻子高声责骂着她的丈夫。数落了一顿之后，她尖叫道："你是世上最卑劣的人！"这时，餐馆里的人都朝他看来。丈夫很快地提高了嗓音，说："你做得对！亲爱的，你还骂他什么？"

【简评】将"你"转向与己无关的"他"，就形成了"同仇敌忾"的阵势，把第一人称的"我"择了出来。

谁对谁啊

儿子对父亲说："现在的社会都是以貌取人。"父不信，遂打赌。

父穿破旧衣服进一酒楼，无人理睬，待在一角落。

儿子衣履光鲜，昂首而入，店家非常热情，端茶倒水。

儿子对服务生说："给那角落里的老头上好酒好菜，我买单。"

服务生不解，问："为什么呢？"

儿子说："那老头的儿媳妇是我的相好。"

服务生领命上酒上菜，看见老头吃得欢，不屑地对老头说："他和你儿媳相好，你不揍他？"

父笑着说："他与我儿媳才相好几年？我跟他妈已经好了几十年了！"

服务生当场晕倒。

【简评】本来是最密切的直系血缘关系，却偏偏用人称代词布迷魂阵，其实揭穿谜底，剩下的是最正确、最明确、最传统、最常见的基本伦理事实。

2. 指示代词

用来指称或区别人、事物、情况的代词，叫指示代词。指示代词具有指示、代替两种作用。它包括：

近指代词："这"和由"这"构成的指示代词。

远指代词："那"和由"那"构成的指示代词。

分指代词：指全体成员中的任何一个。"每"侧重于相同的一面，"各"侧重于不同的一面。

不定指代词：指没有明确说出的人或事物，如"某""有些"等。

旁指代词：指代没有明确的人或事物的代词。又叫"他指代词"，如"另""别的""旁的"。

（1）近指代词

亚福问路

亚福问路，看到一个小孩子，拍拍他的肩膀说："小弟弟，这是什么地方？"

孩子瞧他一眼："这是我的肩膀。"

【简评】童稚天真。指示代词"这"自然指地区，肩膀还能不认识？

钻戒

在咖啡店点完单后，珍妮和老公随手翻开时尚杂志，杂志上面有介绍钻戒的照片。珍妮嘟着嘴说："老公，我要这个，还有这个。"老公瞄了一眼，说："好，等会儿把这页撕下来给你。"

【简评】照片是为了推荐实物的，指示代词"这个"指的自然是钻戒，哪里是画页。

吻别

妻子望着住在街对面的那对新婚夫妇，不悦地对丈夫说："你看人家杰克先生多体贴他的妻子。他每天上班前都要吻别杰克太太。你为什么就做不到这一点呢？"

丈夫："可是人家才搬来，我还不认识杰克先生的太太呢！"

【简评】"这一点"是指"夫妻吻别"，而不是"吻别杰克太太"这一具体动作。

（2）远指代词

还是肥猪

林君赴宴迟到，匆忙入座后，一看烤肥猪就摆在自己面前，大为高兴地说："真好，我坐在肥猪的旁边。"

话刚出口，才发现身边一位肥胖的女士在怒目瞪着他，于是连忙满脸堆笑地解释："对不起，我是指烤好的那只！"

【简评】肥猪与像肥猪的人，究竟指谁？有"那"就得有

“这”。越解释越乱，越描越黑。

只有两样

甲：“你干什么事都很能干，只有两样不行。”

乙：“哪两样不行？”

甲：“干这不行，干那不行。”

【简评】“这”“那”对指，就包含了一切。单凭这两样不行，就是十足的废物。

（3）分指代词

名不虚传

教授对一名智力早熟的六岁男孩儿进行测验。

教授问：“你的生日是哪一天？”

小孩儿：“二月二十日。”

教授：“哪一年？”

小孩儿：“每一年。”

【简评】“生日”可指出生日期——生辰，也可指生辰的所有周年纪念日。回答用了分指代词“每”，准确全面，聪慧可爱。

准时瞎眼

一位好心肠的太太对挽着盲父行乞的小姑娘说：“真可怜！你父亲的眼睛是什么时候瞎的？”

小姑娘回答道：“每天早上八点钟。”

【简评】眼睛每天都瞎一次，其中必定有诈。

当兵睡过了头

新兵汤姆斯每天早上操练都要迟到。军官问他："喂，你究竟有什么困难？老是迟到。"

"报告，长官，我总是睡过了头……"

"什么？"军官勃然大怒，"如果每一个当兵的都睡过了头，这世界将会变成什么样子？"

"我想，这就永远不会发生战争了。"

【简评】分指代词指全部。"每一个当兵的"包括全体战士，无一例外。军官着眼自己的部队，汤姆斯则眼光远大，还看到了对方。是啊，如果世界上所有的士兵每次进攻时都睡过了头，哪里来的仗打呢？

（4）不定指代词

理发

比尔在一家大公司工作，他常常在工作时间去理发店。

一天，比尔又在上班时间去理发，被路过理发店的经理发现了。

"好啊，比尔，你竟然在工作时间理发，这是违反公司规定的。"

"是的先生，我是在理发。"他镇定自若地承认，"可是你知道，我的头发是在工作时间长的呀。"

经理一听，勃然大怒："不，不完全是，有些是在你自己的时间里长的！"

"是的，先生，您说的完全正确，"比尔彬彬有礼地答道，"所以我才没有把头发全部剃掉啊！"

【简评】工作时间去理发已属不对，被指出后却还诡辩，难怪经理发怒。

3. 疑问代词

表示疑问的代词叫疑问代词。它除了表示疑问之外，还可表示反诘、虚指、任指等语气。疑问代词包括：

问人或事物的疑问代词：谁、什么、哪些。

问处所的疑问代词：哪儿、哪里。

问时间的疑问代词：几时、多会儿。

问性质、状态、方式、动作的疑问代词：怎么、怎样、怎么样。

问数量的疑问代词：几、多少。

问程度的疑问代词：多、多么。

疑问代词使用不当、理解不当，也会形成幽默。

谁最懒

爸爸："汤姆，你们班上谁最懒？"

汤姆："不知道，爸爸。"

爸爸："我想你一定知道的。你想想，当所有同学都在做作业时，谁闲坐着东张西望而不做作业？"

汤姆："老师。"

【简评】疑问代词"谁"应指"你们班上所有同学"中的一个。但因问句省略，小孩子绕不过弯儿，只好错怪老师。

懂一点音乐

约翰陪着女朋友在音乐厅听一位女钢琴家演奏。女朋友问："你懂音乐吗？"

"啊，"约翰答道，"懂一点儿。"

"那你说说，台上的格兰特夫人正在演奏的是什么？"

"钢琴。"

【简评】疑问代词"什么"当然是指曲名，约翰却指乐器，自属露怯；但能认出钢琴这一与音乐有关的东西，也不能说是完全不懂音乐——这可真是名副其实的"懂一点儿"。

弹性

教师在课上讲人造纤维的特点和用途。他问一个学生："什么东西使得尼龙丝袜富有弹性呢？"

"大腿。"学生大声答道。

【简评】教师是从科学角度，询问物质的特性；而学生忘了是在讲人造纤维的特点这一特定语言环境，却从日常生活的角度出发，想到人的大腿。

从何处开始

演说者："我只有十分钟的发言时间，真不知道从何处开始。"

听众："从第九分钟开始吧！"

【简评】疑问代词"何处"在演说者指内容，而在听众却指时间。

在海底

小吉姆在游艇上当服务员。一天，他找到船长，说："可以问您一个问题吗？"

“当然可以。”船长说。

“如果一个东西，我知道它在哪儿，那它算不算丢了？”

“不算。”

“那好，”小吉姆笑了起来，“我知道您的茶壶在哪儿了，它没有丢。”

“在哪儿？”船长有些兴奋。

“在海底。”

【简评】茶壶已在海底，知道“在哪儿”也没办法找回来。

（六）副词

副词限制、修饰动词、形容词，表示程度、范围、时间、重复、连续、情状、肯定、否定及语气等。副词主要有以下几种类型。

程度副词：很、好、太、最、更、非常、十分、特别等。

范围副词：都、全、共、一律、只、仅、唯独等。

时间副词：已、已经、曾、曾经、正、马上、才、刚、常常、始终、永远等。

表重复、连续的副词：又、再、还、反复、重新、连续、随后等。

情状副词：刚巧、忽然、果然、自然、原来、偶尔、渐渐、亲自等。

否定副词：不、非、没、未等。

语气副词：岂、难道、究竟、几乎、大概、反正等。

1. 程度副词

夹被

暑月有拥夹被卧者，或问其故，答曰："棉被太热。"

（明浮白主人《笑林》）

【简评】问者问的是大热天的为什么还要"拥夹被卧"，傻子才会往棉被那头儿想。

2. 范围副词

坦率的回答

病人："医生，你深信这就是肺炎吗？有时候，医生在治疗肺炎时，病人却死于其他疾病。"

医生（一本正经地）："在我治疗肺炎时，病人只会死于肺炎。"

【简评】副词"只"表示限制的范围。"治疗肺炎时，病人只会死于肺炎"说明"治一个死一个"。口气越大，越使人心惊。

最有发言权

一位五个孩子的父亲一天突然对妻子说："玛丽，我觉得咱们的孩子当中，威利不是我的孩子！"

"你怎么能胡乱猜疑呢？"太太发怒道，"只有他才是你的孩子！"

【简评】"只有"具排他性，因而是少数。太太虽然驳倒了丈夫的观点，但披露的情况却比丈夫估计的要严重得多。

3. 时间副词

艰苦与享受

某售货员正从柜台上拿火腿肠吃，被经理看见。

“你真会享受！”

“不，我一直是很艰苦的，今天才从咸菜柜调过来。”

【简评】一直偷吃咸菜，所以艰苦。第一次偷火腿肠吃虽属初犯，但联系艰苦的偷咸菜吃的历史，可知是个惯偷。

光荣

女房东气势汹汹地冲进画家的房间：“先生，你的房租决不能再拖欠了！”

“请你不要来打扰我的工作，”正在埋头绘画的画家回答道，“老实告诉你，我住你的房间对你是莫大的光荣！你知道，以后当我不再住在这里的时候，人们将会说：‘这房间曾经住过一个伟大的艺术家！’这不就是你的光荣吗？”

“我也老实告诉你，”女房东并没有退缩，“假如你今晚付不出房租，明天我就可以得到这种光荣！”

【简评】“曾经”是表示从前有过某种行为或情况的副词。不住了，才能说“曾经住过”。所以赶得越早，这“光荣”来得越早。当然，房租是比“光荣”更重要的事，如果今晚能付出，自然可以不赶。

4. 表重复、连续的副词

再出恭[1]

村庄农人，不知礼，来至儒学殿前撒粪一堆，学师闻之，怒送县究。县官审问："因何秽触圣人？"村农曰："小人上城，每日皆从学前走，一时恭急，随便解手，非敢亵渎[2]圣人。"官曰："你愿打愿罚？"村农畏打，曰："小人愿罚。"官曰："该问不应，纳银一两五钱，当堂秤下，不须库吏收纳。"村农取出银一锭，约有三两，禀官曰："待小人去剪一半来交纳。"官曰："取来我看。"见是纹银一锭，就和颜悦色先将银子慌忙纳入袖中，对村农曰："这锭银子，不须剪开，当我老爷说过，准你明日再到学殿前出一次大恭罢。"（清石成金《笑得好》）

〔注释〕①出恭：排泄大小便。②亵渎：轻慢，不恭敬。

【简评】副词"再"表示重复动作。尊敬圣人是假，借题敲诈是真。已知亵渎圣人，岂可再加冒犯，而且变得合理合法？

醉鬼和电话

一个醉鬼在街上踉跄而行，两只耳朵都长着大水泡。

有个朋友见了，问他："你这是怎么了？"

醉鬼说："我妻子出门，把火烫的电熨斗忘在电话机听筒旁边。电话铃一响，我便错抓了电熨斗。"

"但另一只耳朵为什么也有水泡呢？"

"我刚放下话筒，她又来了个电话。"

【简评】副词"又"表示重复。又来电话本无所谓，可悲的是耳朵知道换，却再次把熨斗当成听筒。

小弟弟的哭声

“汤米，小弟弟怎么啦？”妈妈问。

“他在哭，”汤米答道，“因为我在吃我的蛋糕，没给他吃。”

“他的那块儿吃完了吗？”妈妈问。

“吃完了。当我又在吃我那块儿时他就哭了。”

【简评】既言“又在吃”，则前边小弟弟“那块儿”已被汤米吃了。一点儿也不给小弟弟吃，难怪小弟弟在哭。

5. 情状副词

亲自……

马屁精每逢大官，必笑容可掬地先说上一句“您亲自……”以示恭维。

有一次，他从厕所出来，正碰上县官也去解手。他马上脱口而出：“噢，老爷，您又亲自上厕所吗？”

【简评】副词“亲自”只能用于修饰能由别人代做的动作行为。生理功能性质的动作是别人不能替代的，“上厕所”无所谓“亲自”不“亲自”。这事儿谁能替？

亲自告诉

管家：“先生，门口那个收账的人不相信您不在家，他说我骗了他。”

先生：“看来，一定要我亲自出去告诉他了。”

【简评】“亲自”总显得郑重而有说服力。但这事则相反，一出去就露馅儿，骗不成了。

6· 否定副词

老板错了

食品店的老板正在忙着招呼顾客，忽然看到一个小男孩儿站在打开的饼干盒旁。

“哎，小家伙，”老板说，“你想干啥？”

“不想干啥。”

“不想干啥？我看你是想拿块饼干吧？”

“你错了，先生，”小男孩儿说，“我在尽量想着不要去拿饼干。”

【简评】“想拿”只是刚起念头；“尽量想着不要去拿”，则“拿”的因素已占了绝大部分。所以答话虽然加了否定副词“不”，不仅意思未变，“想拿”的愿望反更强烈，情况比老板判断的要严重得多。

打是不打不打是打

殿中丞丘浚，尝在杭州谒释珊[1]，见之殊傲。顷之，有州将子弟来谒，珊降阶接之，甚恭。丘不能平，伺子弟退，乃问珊曰：“和尚接浚甚傲，而接州将子弟乃尔[2]恭耶？”珊曰：“接是不接，不接是接。”浚勃然起，杖珊数下曰：“和尚莫怪，打是不打，不打是打。”（宋沈俶《谐史》）

〔注释〕①释珊：名字叫珊的和尚。②乃尔：如此，这样。

【简评】否定与肯定意义本来相反，哪能是非颠倒，进行诡辩？

结婚和离婚

“我的婚姻，两次都失败了。”

“怎么讲？”

“第一个老婆，走了。”

“第二个呢？”

“她不肯走了。”

【简评】好的“走了”，使人留恋；差的“不肯走”，使人遗憾。走与不走，均属失败。

7. 语气副词

衣着寒碜

大科学家爱因斯坦在未成名时衣着寒碜。一次，有个熟人在纽约街上碰到他，便问：“你怎么穿得这么破旧？”

爱因斯坦回答说：“反正这里也没有人认识我。”

过了几年，爱因斯坦一举成名以后，那个熟人又在街上遇到他，惊异地问：“你怎么还穿得这样破旧？”

爱因斯坦笑着回答说：“反正这里的人都已经认识我了。”

【简评】副词“反正”表示情况虽然不同而结果并无区别。爱因斯坦巧用逻辑推理开了个玩笑。“达亦不足贵，穷亦不足悲”。何必以貌取悦于人。

（七）介词

介词主要用在名词或名词性短语前面，共同组成“介词短语”，作动词、形容词的附加成分。常用的介词有下面几类。

表示时间的介词：在、从、自、到、当、于、随着等。

表示处所的介词：在、从、自、向、朝、于、沿着等。

表示方式方法的介词：按、照、凭、本着、通过等。

表示对象或关联的介词：对、对于、替、给、跟、与、和、同、把、关于等。

表示目的或原因的介词：为、为了、因、由于等。

表示比较的介词：比。

表示排除的介词：除了。

表示被动的介词：被、让、叫。

醉汉的回答

一个醉汉带了很多过圣诞节用的东西乘公共汽车。他死死抓住车上的扶手。

“要不要帮忙？”售票员问。

“请吧，”醉汉回答说，“你替我抓住扶手，我从口袋中掏钱买票，好吗？”

【简评】某些自身动作是无法替代的，如吃、喝、睡等生理需要。保持平衡也是这样。烂醉如泥并不可笑，可笑的是还能懂得一点儿愚蠢的逻辑，知道东西不能松手让人拿，口袋里的钱更不能让人掏，所以只剩下抓扶手的这只手可以腾出——醉了也不忘钱财，但却忘了平衡。

总统的电话

“总统给我打电话来了！”

“太难得了，他都对你说什么来着？”

“他只说了一句话：打错了！”

【简评】介词“给”表示对象。打错电话，事出偶然，又何必夸耀。

算账

女教师把作业本发给贝贝的时候对他说：“你这次作业的错误太多了。回去告诉你爸爸，真不知道他会怎么同你算账呢！”

贝贝：“不，您错了。倒是我应该同他算账。要知道，这次作业全是他做的。”

【简评】究竟谁同谁算账说清楚了，但代做作业却露了馅儿。

（八）连词

连词连接词、短语、分句和句子。连接词和短语的有“和、跟、与、同、及、而、并、或”等。连接分句和句子的连词又叫关联词。

面貌一样

一人抱儿子在门外闲立，旁有一人戏之曰：“可见父子骨血，真个是一脉，只看你这个儿子的面貌与我的面貌就是一般无二。”抱子者答曰：“你与这儿子原是一母生出来的弟兄，这面貌怎么不是一样的？”（清石成金《笑得好》）

【简评】戏者将“面貌”相连，说小孩儿是自己的儿子，抱子者将二人相连，说小孩儿、戏者都是自己的儿子，双方都想充大辈占便宜。当然，错在戏者。

我不知道

圣诞佳节，矮个子诗人去参加一个舞会。舞会开始时，他走到一位姿容秀丽的姑娘面前，有礼貌地做了个邀请的手势：“小姐，能请您跳个舞吗？”

不料，那姑娘却傲慢地嘲讽他：“我不能和小孩子一起跳舞！”

诗人微笑道：“对不起！亲爱的小姐，我不知道您正怀孕呢！”

【简评】“不能和小孩子一起跳舞”表明小姐看不起对方，诗人故作戏谑，用指小姐怀孕。诗人言辞虽欠恭，却是对傲慢无礼者的讥诮与惩罚。

新的和正确的

一个人出版了一本书，就在朋友面前吹嘘：“我出的那本书你看过吗？里面有许多新的和正确的见解。”

朋友回答道：“看过了，但是非常遗憾，你那本书里的见解凡是新的都不正确，凡是正确的都不新。”

【简评】连词“和”连接两个并列语词。如“新”和“正确”并非兼具而是相互夹杂，甚至相互否定，则此书一无可取；其实，这里可以不用连词，说成“新的正确见解”，则明确得多。

跟谁玩

母亲对小儿子说：“马可西姆，维克托尔是一个很不好的孩子，我不希望你跟他玩。”

“我是好孩子吗，妈妈？”

“当然，你很好。”

“那么维克托尔就应当和我玩了。”

【简评】玩是双方的事，倒个个儿也行。儿子的回答极为巧妙。

（九）助词

助词附着在词或短语后边表示某种语法意义。助词包括结构助词、时态助词、语气助词三类。放在句尾或句中停顿处表示语气的词叫语气助词。

有钱者生

园翁种茄不活，每以为患，因问计于老圃，老圃曰：“每茄苗一株，旁埋铜钱一文，则活矣。”园翁问何故，答曰：“汝不闻‘有钱者生，无钱者死？’”（明乐天大笑生《解愠编》）

【简评】“有钱者生，无钱者死”是对“钱能通神”的旧社会世态人情的概括。助词“者”原本指人，老圃用指茄苗，是一雅谑。

菜酒而已

一儒官①当迎候上司，方乘马出门，适乡人过访，不暇详曲，草草谓内人曰：“待以菜酒而已。”内人不解文语，不知“而已”为何物，既而询诸婢仆，认“已”为尾，猜疑为所畜大羊也，乃宰羊盛具酒肴待之去。儒官归，问知其故，叹息无端②浪费，惆怅③不已。其后但出门时，辄④嘱内眷曰：“今后若有客至，止用‘菜酒’二字，切不可用‘而已’。”（明乐天大笑生《解愠编》）

〔注释〕①儒官：古代掌管学务的官员或官学教师。②无端：无缘无故地。③惆怅：感伤，愁闷。④辄：总是。

【简评】语气助词本来无义，这里却成了代名词，连儒官也只好承认。当初你别“之乎者也”，岂不省事？

二、短语

词和词按照一定的语义搭配关系和语法结构规则组合在一起成为短语。词和词的组合并不是绝对自由的，首先要考虑它们之间的意义搭配关系以及约定俗成的搭配习惯。此外，还需要一定的语法手段来表示语法关系。

汉语组成短语的主要语法手段是语序和虚词。虚词的增减变换，可能改变短语的意义类型，这里不再讨论。

语序就是词语的搭配顺序。它包括排列顺序、组合顺序两种情况。

1. 短语的组成——语序的排列

在意义搭配的情况下，同样两个词，由于排列顺序不同，可以构成不同关系的短语。如“形势大好”与“大好形势”、“产品销售”与“销售产品”等。

在语言运用中，有意无意地颠倒词的排列顺序，便会引起短语意义的改变。

妙联赠庸医

清代有一个庸医，医术低劣，很少有病人登门求诊。为了装点门面，他去求著名文人纪晓岚写一副对联，并暗示说最好写些颂扬的话，以便吸引病人前来就诊。

纪晓岚很讨厌这个庸医，但终因被纠缠不过，提笔写道：

不明财主弃

多故病人疏

【简评】此联本自唐孟浩然诗“不才明主弃，多病故人疏”，原意是说因为没有才能，不受重用；因为多病，老朋友来往也少了。对联把“才”改为“财”，把第二、第三字一倒，词的排列顺序变了，加上谐音，意思也就跟着改变：看不透病，有钱人不敢来请；治十个死九个，病人当然躲得远远的。

改唐人诗

莫子山暇日山行，过一寺，颇有泉石之胜，因诵唐人绝句云：

终日昏昏醉梦间，忽闻春尽强登山；

因过竹院逢僧话，又得浮生半日闲。

及叩其主僧，庸僧也，与语略不相入，屡舍欲去。僧意以为檀施，苦留作午供。郁郁久之，殆不自堪，因索笔以前诗错综其间，而书于壁曰：

又得浮生半日闲，忽闻春尽强登山；

因过竹院逢僧话，终日昏昏醉梦间。

（清独逸窝退士《笑笑录》）

【简评】前者因醒梦登山，闲话取乐；后者是清闲登山，闲话弄昏。句子的顺序一变，褒贬相反。

不学无术

从前有个书生，不学无术，却又专爱卖弄文才。一天，他母亲死了。有人送来一个奠帐，还有四张纸，四张纸上分别写着“德、配、孟、母”四个大字，让他自己缝上。书生翻来倒去看不懂，最后排成了“母配孟德”，缝在奠帐上。

大家忍着笑，故意夸奖他道：“先生继承曹家功业，真有子建之才。”

书生撇撇嘴道：“子建是什么玩意儿，曹植七岁成诗，比子建强多了！”

【简评】语序一弄错，老娘嫁了人。曹植字子建，何曾是两人？

屡败屡战与屡战屡败

曾国藩的幕僚李元度是一介书生，不谙兵事，奉曾令出征，屡屡受挫。李的一个部从报告军情，写道：“臣屡战屡败。”李元度见了，提笔改成：“臣屡败屡战。”这样一改，就从一名败将变为不屈不挠的英雄。

【简评】语序变换，意思翻新，达到出奇的效果。

辣

三人聚会：一个四川人，一个湖南人，一个云南人。

服务员上前问：“怕辣不？”

云南人说：“辣不怕。”

四川人说：“不怕辣。”

湖南人说：“怕不辣。”

【简评】三个短语，语序不同，意思迥异。云南人则比较勉强，随便应和；四川人是喜爱；湖南人是嗜好，唯恐不辣。

早餐与胃口

早餐前，一位绅士在散步，与一个穷人打了个照面。

“早上好，先生！”穷人说，“你今天出来得早啊！”

“我出来散散步，看看能否有胃口对付早餐。你在干什么？”绅士问道。

“先生，”穷人回答说，“我是出来转转，看看是否有早餐对付胃口。”

【简评】“有胃口对付早餐”与“有早餐对付胃口”，语序一变，凸显贫富悬殊。前者是有佳肴而无食欲，后者则是饥肠辘辘，无处觅食。

正好相反

甲：“每当我喝了咖啡之后，我就很长时间不能入睡。”

乙：“我和你正好完全相反，当我睡着时，我就一点也不想喝咖啡了。”

【简评】既是实话，又是废话，不过确实是正好相反。一个是喝了不行，没法睡觉；一个是不喝不行，除非睡着。

不愿意

“艾尔姆，”妻子问道，“你怎么不再和泰德下棋了呢？”

“你愿意和一个赢了就趾高气扬，输了就要骂人的人下棋吗？”丈夫问。

“噢，当然不愿意了。”妻子明白了。

“他也不愿意同这样的人下。”丈夫回答。

【简评】词的表达顺序应该是一致的。妻子问的是“你……”，丈夫反问的也是“你……”，都是在讲自己一方，照此，缺少棋德的只能是对方泰德。没想到最后一句角度突然变换，主语改“我”为“他”（泰德），颇有喜剧意味。

“我怕太太”与“太太怕我”

先生请书法家写了一副牌匾“我怕太太”，拿回家正儿八经地悬挂在客厅。太太一看就急了。先生慌忙解释：这是书法作品，得从右往左读。太太一读“我怕太太”，顿时笑了。据说这幅字的正确念法要遵循“男左女右”的原则，这样大家彼此都很高兴。

【简评】在“主谓宾”句式中，主语是“施事”还是“受事”，特定场合语序变化，语义往往大相径庭。其实，夫妻相处，“怕”字当头，平添嫌隙，不如换成“爱”字，以省却不少烦恼，增加更多温馨。

2. 短语的组成——语序的组合、标点

词和词在构成短语时，由于词的组合方向不同，短语的停顿不同，意义也可能不同。

标点则是短语（句子）停顿的标志。断句方式不同，短语（句子）的意思也就不同，甚至截然相反。

年老少卿

后魏孙绍为太府少卿，高帝问：“卿年何老？”曰：“臣年虽老，臣卿乃少。”遂迁正卿。（隋侯白《启颜录》）

【简评】巧妙地将偏正关系短语“卿（之）年（何老）”解释成并列关系短语“卿、年（何老）”，承认年老，强调卿（官阶）

少，抒发了久不升迁的感慨，从而引起同情，最终达到了目的。

意趣横生的标点魔术

唐人杜牧绝句诗《清明》云：

清明时节雨纷纷，

路上行人欲断魂，

借问酒家何处有，

牧童遥指杏花村。

小诗清新而富有天然情趣。标点稍动，便是一篇优美的散文：

清明时节，雨纷纷。路上，行人欲断魂。借问：“酒家何处有？”牧童遥指：“杏花村。”

也可改成一首玲珑小词：

清明时节雨，

纷纷路上行人。

欲断魂。

借问酒家何处？

有牧童，

遥指杏花村。

也可改成一场精巧的短剧：

［清明时节。雨纷纷。路上。］

行人（欲断魂）：借问酒家何处有？

牧童（遥指）：杏花村！

【简评】真可谓变幻莫测，意味无穷。且诗、文、词、剧万变不离其宗，主题和意境并无二致。

不打官事

徽州人连年打官事，甚是怨恨。除夕，父子三人议曰：“明日新年，要各说一吉利话，保佑来年行好运，不惹官事，如何？”儿曰：“父先说。”父曰：“今年好。”长子曰：“晦气少。”次子曰：“不得打官事。”共三句十一字，写一长条贴中堂，令人念诵，以取吉利。清早，女婿来拜年，见贴分为两句上五下六念云：“今年好晦气，少不得打官事。”（清石成金《笑得好》）

【简评】换个方法断句，仍逃不脱晦气。可见没有句读多么糟糕！

《论语》治天下

一个县官处理任何事情的唯一依据是一部《论语》。他常说：“人家说半部《论语》即可治天下，何况我有一部！”

有一天早上，他开堂审讯两个贼人。

第一个贼人偷了一只小鸡。县官一翻《论语》，便判道：“黄昏时分，即将此人处死！”

旁边一位幕僚暗暗对他说，这判得太重了。县官瞪大眼睛嚷道：“不重，不重。《论语》上说：‘朝闻盗（道），夕死可矣。’这不是说，早上捉到盗贼，黄昏便要处死吗！”

第二个贼人偷了一口铜钟。看过《论语》，县官急急说：“放了他，马上放了他！”幕僚不明所以，县官却大大咧咧地说：“岂不闻《论语》云：‘夫子之盗钟，恕而已矣！’圣人规定偷钟者是要宽恕的……”（《论语》原文：

“夫子之道，忠恕而已矣。”）

【简评】“夫子之道，忠恕而已矣。”逗号后移一字，词的组合结构发生变化，加上谐音，句意则面目全非。这是对糊涂县官的讽刺与嘲笑。

贴告示

乡下一土财主新盖了一栋房子，房后是一条大道，房角有个黑旮旯，行路人常在这里方便。他便贴了一张告示，上写：“行路君子等不得在此方便。”

有个爱开玩笑的人，看见这个告示，在中间点了个标点，就蹲在房后拉起屎来。

土财主一见，又气又急，说：“你没见我贴的告示吗？”那人不慌不忙地问：“你写的是什么？”土财主说：“写的是‘行路君子等不得在此方便’。”那人用手一指道：“你再看看上面。”土财主抬头一看，只见上面那句话变成了：“行路君子等不得，在此方便。”

【简评】多了一个标点，句子意思全变。

三个笨蛋

爸爸：“你说，一加二等于几？”

儿子：“不知道。”

爸爸：“我和你妈妈，再加上你，一共等于几个？笨蛋！”

儿子马上回答：“三个笨蛋！”

【简评】标点（问号）处若不停顿，便将独立语变成了上句的宾语。

一点之差

有家副食店，每到周末，总要挂出一块牌子，上写“周末盘点停止营业一天”，周围的居民对此极为不满。

一天，售货员把这块牌子往外一挂，便几个人一块儿聊起了大天儿。正在这时，忽然响起了敲门声。售货员打开门，向外面的人大吼：“怎么，没看见牌子吗？今天休息！”

“休息？”敲门人也不甘示弱，“看看你们挂的牌子！”

售货员向牌子上一看，顿时愣住了。

原来，不知谁在牌子上加了个标点，变成了：“周末盘点停止，营业一天。”

【简评】这么一改，东西是可以买了，但这样的商店也太怪了。只有周末一天才不盘点，那岂不成了仓库？

点错了

父亲要求读二年级的儿子每天必须写一篇日记，晚上检查。

一天，他检查完日记，便对妻子大发雷霆，妻子莫名其妙。丈夫顺手把小儿子的日记摊在了妻子面前。只见上面歪歪扭扭地写着：“今天我做作业，王叔叔来玩。做完作业后，叔叔夸我做得好，叔叔亲了我妈妈，也亲了我。”

妻子大怒，叫起小儿子审问。小儿子哭道：“是我把标点点错了，应该是：叔叔亲了我，妈妈也亲了我。”

【简评】标点一错，主语（妈妈）就变成了上句的宾语，难怪爸爸大发雷霆。

让老头过来

张大妈今年70多岁了，经常莫名其妙地头晕。在老伴儿催促下，张大妈来到医院。

“哪里不舒服？”医生头也没抬地问道。

张大妈低声说：“老头晕。”

“老头晕？老头晕你坐在这里干吗？让老头过来坐下！”

【简评】“老／头晕”和“老头／晕”的“构件”虽然相同，但结构划分却不相同。结构划分不同，意思也就有别。

老陈醋

一天，我和老陈去逛超市，老陈见到柿子醋，惊奇地说：“柿子也能做醋？”见到苹果醋，又惊奇地说：“苹果也能做醋？”

一会儿，我见到老陈醋，指着对他说：“老陈，你真可怜……”

【简评】柿子／醋，苹果／醋，照此推理到“老陈／醋”，岂不吓人？

3. 短语与词的区分

短语与词的区分划界问题，许多专论多有涉及。这种短语与词的同形异构现象，是方块字的一个缺点，但在句中一般不会混淆，因为汉语的表达除语序与虚词外，还与语义表达、语言环境、停顿及重音等诸多因素有关。如果有意混淆其界限，便会形成幽默。

各有千秋

甲和乙打赌，输了的要给对方三斗谷子。赌的是：龙眼大还是荔枝大？

甲说龙眼大，乙说荔枝大。

甲把乙带到庙里，指着壁上画着的飞龙的眼睛说："你看，这龙眼不比荔枝大得多吗？"

乙只得认输。

甲兴冲冲地挑着箩筐到乙家要谷子。乙用米筒装了半筒谷给甲，说："懒得细量了，多给点算了。"

甲瞪大了眼睛说："你输的是三斗谷啊，怎么就这一点点？"

乙慢吞吞地拿出了烟斗，把米筒里的谷子边量边数："一斗，二斗，三斗……"

【简评】"龙眼"指水果，是名词；指龙的眼，是短语。甲明明将"龙眼"与"荔枝"并提用指水果，却又故作混淆；乙则即以其人之道，还治其人之身，将量词"斗"变成名词"烟斗"的"斗"，加以嘲讪。

多一点

妈妈："这次考外语，奇奇考了85分，你考了多少？"

儿子："我比他多一点。"

妈妈："86分吗？"

儿子："不是。是8.5分。"

【简评】"一点"可以视为偏正关系合成词，作补语，指数量不多，略有增加；如果实打实看成偏正关系短语"一个点儿"，作宾语就出来小数，增加的点越靠左越惨。

两个酒徒

“大夫，据说酒喝多了伤人，是这么回事吗？”

“一点不错。热酒伤肝，冷酒伤肺。”

“那么，还是不喝它为好？”

“可不喝也伤人呀！”

“是吗？”

“不喝伤心。”

【简评】“伤肝”“伤肺”“伤人”都是动宾关系短语。“伤心”结构虽相似，但一般视为双音合成词。不能喝酒，自然伤心。何以见解相同？原来都是酒鬼。

赞叹

妻：“自从我嫁了你以后，便不时地听到别人在赞叹我……”

夫：“那是当然的，我那么有钱，难怪别人要赞叹你有福气了！”

妻：“他们并不为这个赞叹我。”

夫：“那么，为什么呢？”

妻：“他们先赞我道，好一个天仙般的美女；随后又叹我道，可惜嫁了这样一个又蠢又丑的男人！”

【简评】一个合成词巧妙拆解，先赞后叹，褒贬分明。

特长

老师：“你能解释什么是特长吗？”

学生：“‘特长’就是特别的长处。”

老师：“你能用这个词造个句子吗？”

学生："能！有的人除了头发特长外，就没有别的特长了。"

【简评】"头发特长"中，将名词"特长"理解成了偏正关系短语"特别长"，而后一句中则可以两解："没有其他特长"和"没有别的东西特别长"。既加曲解，就产生了幽默效果。

4. 短语的意义

短语有时会出现歧义现象。但在具体的语言环境中，一般不会错解。有意无意地错解常会形成幽默。

喝不了

麦克走进饭店，在桌边坐了下来。他看了一下菜单，点了一个汤，服务员马上给他端了过来。过了一会儿，他把服务员叫了过来，说："对不起，这汤我没法喝。"

服务员感到奇怪，把菜单拿来，又请他点了一个汤。然而，过了一阵之后，麦克又把他叫了来："真对不起，这汤我还是喝不了。"

服务员更奇怪了，这次他不再拿来菜单，而是把经理叫了过来。经理毕恭毕敬地对麦克点点头，说："先生，这道汤是本店最拿手的，深受欢迎，难道您……"

"噢，我并没说这汤味道有什么不好。尽管它味道鲜美，但我还是没法喝，因为您看看，调羹在哪里？"

【简评】"没法喝""喝不了"有两种可能。经营者只考虑了质量，却忽视了服务。

5.“的”字短语

“的”加在名词性、动词性或形容词性成分后面，表示人或事物的意义，形成“的”字短语。它的性质和功能相当于一个名词。

“的”字短语与相应的名词短语相比，其意义较为抽象、概括；理解不同，便会形成幽默。

惯撞席

一乡人做巡捕官，值按院门，太守来见，跪报曰：“太老官人进。”按君怒，责之十下。次日太守来，报云：“太公祖进。”按君又责之。至第三日，太守又来，自念乡语不可，通文又不可，乃报云：“前日来的，昨日来的，今日又来了。”（明浮白主人《笑林》）

【简评】“的”字短语是救命仙丹，它表示的是一个模糊概念，错是没错，但太含混。不知道来的到底是谁。

统统走了

有位大夫姓陈，医术很高，就是不善于应酬。这一天他六十大寿，请了好多亲友前来吃饭。不料宴席摆开，只来了一部分人。他焦急地说：“唉！该来的还没来！”

客人一听，误会了：“我不该来呀！”于是一哄而散，走了十几个。

他一看，更急了，跺着脚说：“看看，不该走的又走了！”剩下的客人又误会了：“我是该走的啊！”于是又走了七八个。

只剩下一位最知己的朋友没走。这位朋友对他说：“你说话太不讲分寸了，把这么多朋友都得罪了。”

他这时急得捶胸顿足，说："那些话我本不是对他们说的啊！"

这位朋友一听，心想："糟了！不是对他们说的，那一定是专对我说的了。"于是这最后一位客人也走了。

【简评】短语的概念要明确。"该来的"处于句子开头，不是特指，一般理解为全称判断，既包括未到者，也包括已到者。对已到者说"该来的还没来"，就把对方排除在外了。"不该走的又走了"一句也是如此。"不是对他们说的"倒是真心话，但面对还没走的说，当然也只会把人撵走。错就错在话语的弦外之音。

拳击家

老师："我希望你们全班同学都记住这样一句座右铭：'给别人的要多，得别人的要少。'"

学生："对，老师！我爸爸正是这样说的。"

老师："啊，你爸爸是干什么的？"

学生："拳击家。"

【简评】"给别人的"是东西还是拳头？"的"字短语所指必须明确。不然，奉献精神就恰好适得其反。

剩下的是什么

一个人买彩票中了500万。记者采访："请问准备怎么花这些钱呢？"

这个人很淡定："先把这几年炒股借的钱还了。"

记者又问："那剩下的呢？"

他没有马上回答，而是从兜里掏出烟点上猛抽几口，然后慢悠悠地说："剩下的，慢慢还。"

【简评】剩下的不是钱，而是还不尽的债，500万不够用。其实这里涉及一个视点的问题，即说话人的着眼点，看这头还是看那头。

6. 比况短语

比况短语是一种特殊的短语，它由比况助词“一样”“一般”“似的”等附在名词性或动词性成分之后组成形容词性短语，表示性状的比拟。有时前面还用“像（如）”这一特殊动词表示判断，即两事物在某些方面相同或有某些共同点。

忧愁

甲：“你为什么愁眉苦脸？”

乙：“医生说我身体很好，不像六十岁的样子。”

甲：“这应当高兴呀！”

乙：“可我只有四十五岁呀！”

【简评】“像”是表示两个不同事物共同点的。说“像六十岁的样子”，潜台词是“不是六十岁”；而说“不像六十岁的样子”，则先已认定六十岁，这使四十五岁的人难免忧从中来。

买玩具

一位女顾客到商店为自己的女儿选购玩具。

“拿这个吧！”女售货员指着个洋娃娃说，“它最好玩。如果把它放倒躺下，它便立即闭上眼睛，像真孩子一样。”

“哎，姑娘，”女顾客说，“一下子就可看出，你还没有孩子。”

【简评】售货员是讲玩具能像真孩子一样闭眼；女顾客则是说真孩子贪玩缠人，不可能立即闭眼入睡，差在对相似点的理解上。

聪明的毛驴

国王在街上散步。在一个磨坊里，他看见一头毛驴正拉着磨盘转，脖子上还挂着一个叮当作响的铃铛。

国王好奇地问磨坊主："你为什么要在毛驴的脖子上挂一个铃铛啊？"

磨坊主说："万一我打瞌睡了，毛驴也不走了，它脖子上的铃铛就不响了。我听不见铃铛响声，就知道毛驴偷懒了，就大喝一声让他继续干活。"

"要是毛驴站在原地不动，光摇头，既没有干活，又能让你听到铃铛响，那怎么办呢？"

磨坊主从来没有想过这个问题。他说："啊，陛下，上哪儿去找像您这样聪明的毛驴呢？"

【简评】比况短语涉及的两个主体必须对应，不能把摇头晃脑以身示范的国王说成驴。

和你一样

国王把一条卷毛的哈巴狗交给阿凡提，摸摸翘胡子，扬扬得意地说："阿凡提，我把这条我最喜欢的哈巴狗交给你，你必须好好照管它，像照管你最喜欢的亲生孩子一样！"

"是的，我的陛下！"阿凡提把狗搂抱在怀里，毕恭毕敬地对国王说："我还要恭恭敬敬地照管它，像恭恭敬敬地服侍陛下您一样，让它和您天天都轻松而又愉快。”

【简评】“像……一样”为比况短语。国王将狗与阿凡提的亲生孩子作比，阿凡提则直接将狗与国王陛下作比，一个扬扬得意，一个毕恭毕敬。阿凡提唇枪舌剑，却又言辞谦恭，颇合乎“君臣之道”，实在怪罪不得。

照样不能抽

约翰先生在车厢里很有礼貌地问坐在身边的一位女士：“我抽烟妨碍您吗？”

“您就像在家里一样好啦！”女士回答。

约翰先生只好将烟盒放进衣袋里，叹口气说：“照样不能抽！”

【简评】“像在家里一样”是可以随随便便的意思，谁想到约翰先生在家里是“气管炎（妻管严）”，不敢抽烟。由此可以看出，身在外，而妻子的余威犹存。

梦

两个小伙子在公园里玩。其中一个说：“我做梦都梦见每月挣一千法郎，和我父亲一样。”

“你父亲每月挣一千法郎？”

“他也是梦见的！”

【简评】不是和“挣一千法郎”比较，而是和“做梦都梦见每月挣一千法郎”比较，故意造成一种喜剧效果。

三、句子

句子由短语或词构成，是具有特定句调、能够表达一个相对完整的意思的语言单位。人类用语言交流思想，是以句子为基本单位的。

（一）句子成分

句子成分是句子的组成部分，它是由句子或短语内部组成成分之间的结构关系决定的，是从总体上对句子进行结构分析所得的结构单位。

句子的主要成分有主语、谓语（含动词和宾语）。句中被修饰、限制、补充的部分叫中心语，起修饰、限制、补充作用的成分，叫附加成分。附加成分可分为定语、状语、补语三种。此外还有独立语等。

1. 主语

主语是陈述的对象，放在谓语前面，回答“谁”或者“什么”的问题。

主语的意义类型情况比较复杂，其中以动词为中心的谓语和主语的关系最为复杂，一般分为三种情况：

（1）施事主语：主语是动作的发出者，如“我写字”。

（2）受事主语：主语表示动作所支配或关涉的对象，如“字写完了”。

（3）当事主语：表示除施事、受事以外同动作有一定关系的人和事物，如“门外是一条小河”。

在句子中，主语常常处于行为主体的位置，一加改换，意义全变。

三百瓮黄齑无处消破

王状元未第时，醉堕汴河，为水神扶出，曰："公有三百千料钱[①]，若死于此，何处消破[②]？"明年，遂登进士。有久不第者，亦效之，佯醉落河，河神亦扶出，士大喜曰："我料钱几何？"神曰："吾不知也，但三百瓮黄齑[③]无处消破耳。"（明郭子章《谐语》）

〔注释〕①料钱：唐宋旧制，官吏除俸禄外，有时另给食料，或折钱发给，称料钱。②消破：消费。③黄齑（jī）：咸腌菜。

【简评】"料钱"之与"黄齑"，天壤之别。将及第者命不该死，是因大福未享；不第者既然东施效颦，也不该死，却是罪没受尽——黄齑不知何年何月才能"消破"得完，令人唯有苦笑而已。

狗吃了吗

一女同事打电话："老公啊，咱家的狗吃了吗？"我心想，这女同事好有爱心，上班还不忘自己家的宠物狗。

女同事继续说道："卖狗的说，多加点大料，炖起来肉香！"

【简评】主动施事句的"狗"，是吃狗食；被动受事句的"狗"，是被"炖肉"。上班惦记喂狗，源于对宠物的爱；多放大料提味，出于对狗肉的"馋"。

骑马减肥

甲："我妻子想减肥，所以天天都去骑马。"

乙："结果究竟怎么样呢？"

甲："马在一个月中瘦了四十公斤。"

【简评】末句答话主语应为“妻”，却改换为“马”，终究有一个减肥了，尽管对妻、对马都事与愿违。

2. 谓语

谓语是对主语加以陈述的，放在主语的后面，表示主语“做什么”“怎么样”或者“是什么”。

一般主谓句中，最重要的成分是谓语，其中谓语中心词（动词或形容词）更为关键。

圆梦

国王夜里做了一个梦，梦见一个人闯进宫来，把他的牙齿全拔光了。第二天，他便唤来大臣，要他圆梦。大臣说：“从您的梦看，王后和您的孩子先死，陛下最后死。”国王勃然大怒，马上判大臣死罪，随即又唤阿凡提圆梦。

“您的梦含意深奥，”阿凡提说，“跟王后和您的孩子相比，陛下的寿命最长。”

国王高兴异常，重赏了阿凡提。

【简评】大臣讲“先死”“后死”，“死”字挂在嘴边，颇不吉利，自然获罪；阿凡提讲“寿命最长”，便可获赏，尽管两句话都是一个意思。一样话，百样说。看来不掌握语言技巧，还有掉脑袋的可能。

3. 宾语

动词性谓语中常常带有宾语。谓语中的动词是支配或关涉后面的宾语的，它可以是一个动词，也可以是一个以动词为中心的短语。宾语则是被支配或关涉的对象，回答“谁”“什么”一类问题。宾语的有无、含义所指，有时也十分关键。

有同感的点赞

老婆：“你觉得我温柔、漂亮吗？”

老公：“温柔、漂亮。”

老婆：“真的吗，你是不是怕伤害我才这么说的？”

老公：“不是，我是怕你伤害我才这么说的。”

【简评】“伤害”是及物动词，千万别做它的宾语。看来老婆并非“温柔”“漂亮”。宁可虚情假意，也不要拳脚相加。

挖坑

5岁的比尔在卖劲地挖着什么。

“孩子，你在挖坑吗？”父亲问。

“不，爸爸，”比尔说，“我在挖土，剩下的才是坑。”

【简评】宾语可以表示动词施加的对象，也可以表示动作的结果。父亲重在结果，而孩子重在对象。

找老婆

父亲：“你都这么大了，该找一个老婆了。”

儿子：“是呀，但茫茫人海，我找谁的老婆呢？”

【简评】找“老婆”，是指找一个合适的人作自己的老婆，而不是找一个已经作了别人老婆的人。那样的话岂不成了第三者，破坏了别人的家庭！

损失惨重

幼儿园小朋友萨姆对母亲说："妈妈，您原谅我吧，是我把爸爸的酒瓶砸碎了。"

"哦，好啦，只要老实承认，谁也不会怪你。可是，你拿酒瓶砸什么呢？"

"嗯，砸妈妈的手表。"

【简评】酒瓶不值什么，关键是"砸"的宾语——值钱的"手表"。

看不见的钉子

有个爱尔兰人在驻印度的部队里服务。他不习惯那里的气候，总想找个借口调走。于是他对军医说："真糟糕，我的视力越来越差了。医生，您有什么办法吗？"

医生为他检查了一会儿，说："你能证明你的视力确实不行吗？"

爱尔兰人向四周看了一下，然后指着墙上的钉子说："医生，你能看见墙上的那个钉子吗？"

医生回答说："能看见。"

"可我就看不见。"爱尔兰人回答道。

【简评】"看见"既然带了明确的宾语，再加否认，岂不自相矛盾？

墓碑

一个年轻的寡妇给她刚死去的丈夫立了块很昂贵的碑，碑上刻着："你丢下我多么悲哀，叫我怎能忍受。"

这位太太改嫁以后，觉得深愧于这块碑的碑文。她于是灵机一动，在句子最后添了一个词儿"孤独"，碑文变成了:“你丢下我多么悲哀，叫我怎能忍受孤独。”于是她就心安理得地生活下去了。

【简评】原文的“悲哀”和“不能忍受”是怀念亡夫，改后则变成了改嫁的借口。

4. 补语

补语是动词或形容词性短语里中心语后面的附加成分，用来说明动作行为的结果、趋向、数量、时间、处所以及性状、程度等。

拿与不拿

父亲:“凡是来了客人，我叫你拿烟时，拿与不拿，你要听准我的话。”

儿子:“我不懂您的意思。”

父亲:“就是说，以后来了客人，我说‘拿烟来’，你就去拿；我说‘拿烟去’，你就一去别回来了。”

【简评】拿就拿，不拿就不拿，何必那么啰唆。小气？势利眼？待客有方，全在“来”“去”上。

教会马儿不吃草

一个自作聪明的人喜欢骑马出游，可是觉得喂马吃草费事又费钱，于是决定教会马儿不吃草。几天以后，马饿死了，他哭丧着脸向人诉苦:“我的损失真太大了，我刚教会马儿不吃草，它就死了。”

【简评】真的教会了吗？马儿死了自然不吃草。不是教会的，是饿死的。

碰得到地面

林肯的一些朋友爱好空谈，并且常常提出一些毫无意义的问题。

“一个人的腿应该有多长？”一天，有个朋友向林肯提出这个问题。

“嗯！”林肯回答说，“至少应该长到碰得到地面才行。”

【简评】问话确属空谈，只能以同样的废话来回答。补语“碰得到地面”是毋庸置疑的，多短的腿也能做到。

答错扣分

期末考试后，老师问学生玛丽说：“玛丽，为什么你在所有的是非题上都答对呢？”

玛丽理直气壮地回答道：“老师，因为试卷上写着‘答错扣分’呀！”

【简评】学生将动词“答”的补语“错”当成了宾语。如果都要答“对”才不扣分，那还出什么是非选择题，考个什么劲儿？

5. 定语

定语是名词性短语里中心词前面的附加成分。就它和中心语的语义关系看，一般分为描写性定语和限制性定语两种。这两种定语不能混淆。

一般来说，作为附加成分，定语当然不如它所修饰、限制的中心词重要，但是定语也常常是十分关键的，因为它可以改变中心词的性质。

上课睡觉的缺点

学生上课睡觉，老师叫醒了他。

老师:“彼嘉，你知道上课睡觉的缺点了吗?”

学生:“知道，老师，上课睡觉的缺点就是不如床上舒服。”

【简评】描写性定语和限制性定语不能混淆：老师是说“上课睡觉”这种情况的缺点，学生是答“上课睡觉”这种方式的缺点，南辕北辙。

爱情

“请你相信我。”

“怎么相信呢?”

“亲爱的，我那纯洁的爱情只献给你一个人。”

“那些不纯洁的给谁呢?”

【简评】定语中挑刺。故意将其含义稍加曲解，把描写性定语看作限制性定语，将爱情分出来一些不纯洁的部分。

淘气的孩子

儿子:“爸爸，你有几个名字?”

父亲:“我只有一个名字呀。”

儿子:“不要骗我，你不是还叫淘气吗?”

父亲:“淘气? 谁说的?”

儿子:“今天上课时，王老师就在全班同学面前说我是淘气的孩子。”

【简评】“淘气”是形容词，作修饰性定语；非要当它是专用名词，作限制性定语，这样自己脸上好看些。

别人的酒

有人问一个小气鬼最喜欢什么酒，他回答：“别人的酒。”

【简评】应用修饰性定语，故意错用限制性定语，处处难脱小家子气。

剔灯棒

一人晚向寺中借宿，云：“我有个世世用不尽的物件，送与宝寺。”寺僧喜而留之，且为加敬。至次早，请问：“世世用不尽的是什么物件？”其人指佛前一树破帘子云：“此以之作剔灯棒，可世世用不尽。”（明潘游龙《笑禅录》）

【简评】不要以为定语“世世用不尽”一定指非同寻常的奇珍异宝，重要的是物件的用途。剔灯棒一天也用不了几次，一挂破帘子拆开可用上几辈儿孙。不问词义的实际内涵，加上主观臆断，自然上当。

不吃羊的狼

牧人问阿凡提：“我放过很多羊，被狼咬死的可真不少。我想问问你，世界上到底有没有不吃羊的狼？”

“有，有！”阿凡提说。

“那是什么样的狼呀？”

“死狼呗。”阿凡提回答。

【简评】加上一字定语，就使谬论变成了事实。可见定语作用之重要。

泳装

警官对打扮入时的女子说："小姐，你不知道吗？在这海滩上，不准穿两截的泳装。"

"既然如此，那么你认为我把哪一截脱掉比较合适呢？"

【简评】定语"两截"用来修饰泳装，意在言其少。女士反唇相讥，甚为巧妙。

我比你强

丈夫："从各方面看，我都比你强。当然，有一点你比我强。"

妻子："哪一点？"

丈夫："你的爱人比我的爱人强。"

【简评】定语是起修饰、限制作用的，关键在中心语。"你的爱人"是"我"，"我的爱人"是"你"，经过等量代替，这句话还是"我比你强"，绕着弯儿夸自己。

唯一的可能

一个老太太不无担心地询问医生："我能够相信您的诊断吗？"

"绝对没问题！"医生毫不犹豫地告诉老太太，"唯一可能产生的差错是诊断与病情不符。"

【简评】尽管强调是唯一的，实际上却是危险的，总共只有两种可能嘛。

自动牙刷

推销员向主妇推销自动牙刷:“你只要接上电源，伸进口里，完全不用动手。价钱虽然贵一点，但方便极了!”他说得天花乱坠。

主妇有点心动，但嫌价钱太贵。推销员毫不犹豫地取出另一把外形完全一样的牙刷，说:“这把也是自动的。它不但便宜，而且不用电，只需将它用手拿着，伸进嘴里，不停地摆动头部就可以了。”

【简评】“自动”是指不用人力而靠其他动力运动。后一种牙刷虽不用动手，却要不停地摆头！亏他想得出这种“自动”法。

擦靴子

一天，有位外国外交官看见林肯低着头在擦自己的靴子。

“总统先生，你常擦你自己的靴子吗?”

“是啊。”林肯答道，“你是擦谁的靴子呢?”

【简评】定语“谁”用指除“自己”以外的其他人。擦自己的靴子，总统未必算得有失身份；但若擦别人的靴子，外交官岂不成了擦鞋匠?

危险的两小时

一个大学生物学教授给学生讲课:“很显然，所有生物，包括我们人类，在生命开始的最初两小时，对它本身来说都是最危险的阶段。”

一个学生举手打断他，提了个问题:“您难道不认为最后两小时，也有某种危险吗?”

【简评】“最后两小时”对于任何生命来说当然都是最为危险的。

6. 状语

状语是谓词性偏正短语里的修饰语。状语和中心语的语义关系比较复杂，一般用来表示时间、处所、程度、否定、方式、状态、数量、范围、对象以及目的、原因等，也可用来表示某种语气。

（1）时间状语

谨防小偷

甲：“你的脸色看上去很不好。”

乙：“是啊，我老婆夜里根本不让我睡觉。稍有一点响动，她就惊叫起来，总以为贼来了。”

甲：“小偷行窃是不会出声的。”

乙：“我也曾这么对她说。从此夜里她听不到声音时，就把我叫醒。”

【简评】还是“听不到声音”的时候多。这下子别想睡安稳觉了。

第一恋人

“我最亲爱的，你能发誓我是你第一个恋人吗？”

“当然是，不过，为什么男人们总要问我这个呢？”

【简评】“总”作状语，表示一直、多次；而“们”表示复数。那么多男人问，哪里能都是第一个？

（2）处所状语

“纽扣”与“裤子”

一个乞丐敲门，要一点吃的或一点钱。

“太太，可怜可怜我吧。”乞丐说。

“可怜的人，”太太说，“我实在没有钱，也没有吃的。要是你有什么衣服要补要缝的话，我倒可以为你效劳。”

“那好，太太，我这里有一粒纽扣，请帮我在上面缝一条裤子吧。”

【简评】动词“缝”的宾语所表示的物件一般应小于状语表示的附着物主体，即大上缝小。乞丐要小上缝大，分明是想白要人一条裤子。

掺酒

买者：“喂！你怎么往酒里掺水呀？”

卖者：“你看清楚了，我这可是往水里掺酒啊！”

【简评】动词“掺”的宾语“水”应小于状语中的名词“酒”，即多中掺少。买者说“往酒里掺水”，毕竟还不失为酒；卖者说“往水里掺酒”，就没有多少酒味了。

受侮辱

绅士违章驾驶，被带到警察局。

绅士：“听着，我从来没想到会到这儿来受侮辱。”

警察：“先生一向在哪儿受侮辱呢？”

【简评】只强调状语“在哪儿”，就等于默认了谓语“受侮辱”，以此相讥。

受伤

“您知道吗，我丈夫在足球比赛中受了伤。”

“可从没有谁看见过他踢足球啊！”

“是的，他是在上星期的比赛中喊坏了声带。”

【简评】“在足球比赛中”一般用作处所状语，她这里却是指的时间，更确切一点说，是在“看足球比赛时”受了伤。

通晓各国语言

一位英国旅游者来到法国一家旅馆，看到门上写着这样一张告示：“本旅馆各国语言均适用。”

他用英、德、俄语同经理交谈，可经理一言不发，似懂非懂。一个小时过去了，他还无法办理住房手续。最后，他用法语问道：“先生，您这里是谁懂各种语言啊？”

“旅客。”经理笑笑说。

【简评】旅客将“本旅馆”看作主语，是旅馆和旅客之间“各国语言均适用”，尽可放心入住；经理则将其看成句首状语，是“在旅馆中”，旅客之间“各国语言均适用”，这等于废话，白说。

最好的裁缝

在伦敦的同一条街上，住着三个裁缝。

一天，一个裁缝在橱窗里挂出了一块招牌，招牌上面写着：“伦敦最好的裁缝。”

另一个看到了，也挂出了一个招牌，招牌上面写着：

"英国最好的裁缝。"

第三个裁缝看了后，思考了很久，几天之后，他也挂出一块招牌，招牌上面写着："本街最好的裁缝。"

【简评】一般来说，评选范围越大（英国、伦敦），技艺自然越高；但若都纳入一个小范围（本街），便都得服从眼前的现实。

（3）程度状语

单衣更冷

一贫士冬月穿夹衣，有谓之者曰："如此严寒，如何穿夹衣？"贫士曰："单衣更冷。"（明赵南星《笑赞》）

【简评】疑问者的思维是单向的。问穿夹衣的原因，意在要穿棉衣。贫士的回答亦是求实之词，因为只能在单衣与夹衣之间选择——没有棉衣。副词状语"更"活画出一副为难之状。

（4）否定状语

买邮票

莎莎替爸爸到邮局买邮票，不知如何称呼柜台里的小姐，想到人们常称呼爸爸"老板"，就说："老板，我买邮票。"

柜台里的小姐听了不是味，便说："我不是老板，以后别再这么喊，好吗？"

莎莎听了点点头，表示知道了。过了几天，她又来买邮票，只听她对柜台里的小姐说："老板娘，我买邮票。"

【简评】否定状语的目的不同。“我不是老板”，从工作角度看，是强调职位，意在申明自己是普通工作人员（称呼“小姐”“阿姨”均可）；但若从性别看，则是怪小朋友不懂得她是女性，所以莎莎下次改称“老板娘”。

（5）方式状语

送奶奶

妈妈：“小明，昨天叫你送奶奶，你送了没有？”

小明：“送了。”

妈妈：“送了？那奶奶怎么还跌了一跤？你是怎么送的？”

小明：“目送。”

【简评】用眼光送，能解决什么问题？

省钱

韦勒下班之后，在一个公共汽车站等车。他挤了好几辆也没有挤上去，一气之下，就跟着汽车跑回了家。

到家后，韦勒对老婆说：“我今天跟着公共汽车跑回家，省了一个戈比。”

他老婆不满意地说：“那你为什么不跟着出租汽车跑？那样可以省下两个戈比！”

【简评】状语不是主要的，关键在谓语动词。跟着什么跑都一样，省几个钱也都见不着，总之是都得跑。

咬眼睛

甲、乙两人在酒吧喝酒。甲对乙说：“咱们打一百元的赌，如果我能用牙咬自己的左眼，就算我赢。”

乙认为这不可能，于是欣然同意。甲便将自己左眼窝中的假眼珠拿下来，放在嘴里咬了一下。乙输掉一百元。

甲又说：“朋友，别急，现在我给你捞回一百元的机会：咱们再打一次赌，如果我不能咬自己的右眼，就算我输。”

乙看看对方的脸，心想：你总不会长两只假眼吧！于是欣然同意。

谁料甲摘下假牙，用手把它移近右眼。乙又输掉一百元。

【简评】人的牙和眼不可能凑在一起，所以乙欣然同意打赌，哪知会是假眼；既然能出门喝酒，行动正常，不可能双眼同瞎，哪知却是假牙。状语“用牙”（咬）并未成为难题。亏他想得出这两手绝招。

第四个元素

老师：“自然界的四大元素是什么？”

学生：“火、空气、土壤……”

老师：“还有什么？你想一想，你是用什么洗手的？”

学生：“肥皂！”

【简评】状语的功能是多方面的。介词短语“用什么”在这里表示谓语动词“洗”的工具，它可以指水，也可以指肥皂、脸盆等。学生对答案没印象，启发也白搭。

坏习惯

“你为什么同男朋友吹了？”

“因为他有许多令人讨厌的坏习惯。”

“什么坏习惯？”

“比如，他喝咖啡时总是用左手来搅。”

“这么说，他是左撇子，这又有什么关系呀？”

“可别人都是用小勺来搅的呀！”

【简评】强调状语“用左手”，使人容易与“用右手”对照。谁又想得到这老兄真的不用勺，亲自下手。

怎么喘气

某厨师抱怨切洋葱时眼睛辣得流泪。朋友告诉他：在水里切，就不会流泪了。

“好是好，”他困惑地说，“那么我怎么喘气呢？”

【简评】“在水里”是指“切”的处所，是用手在水里切，而不是人在水里潜泳。

（6）状态状语

训子

父亲：“你竟敢背着我抽烟。”

儿子：“我向您保证，从现在起，我抽烟一定不背着您。”

【简评】状语如果强调不当，会喧宾夺主。父亲的话，中心词是“抽烟”，但重音若落在状语“背着我”上，则可曲解。

小心地滑

小孩儿随妈妈进入一家高档商场。

进了店门后才走了两步，小孩儿就在光滑的大理石地板上作滑冰状。

妈妈甚感奇怪，问他。

小孩儿一边继续滑，一边指着旁边的牌子，认真地说："既然来了，就要遵守这儿的规矩。那牌子上写着：'小心地滑。'"

【简评】"小心地滑"是动宾结构，提醒走路小心，注意别摔着；小孩儿理解成了状语和中心词的关系，小心翼翼地做出溜冰动作。

两只无花果

巴黎植物园园主嘱咐一个非常单纯而又很天真的年轻仆人，叫他把两只稀有品种的无花果送到植物学家比丰那里去。

路上，仆人馋涎欲滴，禁不住吃掉了其中的一只。比丰知道送来两只，便责问仆人，仆人只好承认了过错。

比丰叹道："唉！你果真吃掉了那一只。你是怎么吃的呢？"

仆人信手拿起剩下的那只无花果，一口吞进嘴里，边吃边说："我就是这样吃的呀！"

【简评】"这样吃"，口说可矣，何必再作示范？以肢体动作诠释状语，把两只稀有品种全毁掉了。

（7）数量状语

游泳者

教师给同学们讲了一个游泳者的故事，说他在早饭前三次横渡过一条河。约翰尼听了哈哈大笑。

“你不信？”

“我信，先生。”约翰尼回答道，“可是我真不明白，他为什么不再游一次回到对岸去拿他的衣服。”

【简评】横渡的状语表次数时必须为偶数，“三次”自然露出矛盾，除非他举着衣服过河。

（8）范围状语

每天只抽一支烟

医生对一位老年病人说：“先生，您必须完全休息，早睡觉，多散步，喝牛奶，每天只能抽一支烟。”

病人对医生的嘱咐表示一定遵守。

一个月后，医生又问病人：“您的感觉是否好多了？”病人略带感激地说：“是的。早睡觉，多散步，喝牛奶，确实有益。只是每天一支烟却有点受不了。您知道，像我这七十几岁的年纪再学抽烟，可不是轻松愉快的事。”

【简评】副词“只”是给抽烟人限定数量范围的，既然不会抽，而且这么大年纪，何必受这洋罪。

（9）对象状语

给你穿

财主对伊赫说："来给我当雇工吧。我给你吃，给你穿，给你住，怎么样？"

伊赫一口答应，并写下了契约。当天晚上，他吃了些东西，便躺下睡觉，一直睡到第二天上午十点还没起床。财主大发雷霆，跑来训斥说："喂，你想睡多久？我看你是发神经病了吧？"

"你才发神经病呢！"伊赫说，"我吃了喝了，也住下了，现在遵照契约，正等着你来给我穿哪！"

【简评】"给你穿"是"供给你穿的东西"的省略，"给"是动词，"穿"用如名词，作间接宾语。伊赫将口语说法恢复到字面的本义，"给"为介词，介绍出动词"穿"的对象，这就成了笑话。哪里是雇工，分明是花钱请来个爷！

数目没错

某夫人订购了一打鸡蛋，但送给她的只有十只。

于是她去找商店的主人。

"我早上不是订了一打鸡蛋吗？"她问。

"是的。"店主回答说。

"但你们只给了我十只。"

"哦，对了，其中有两只是坏的，我们替你扔了。"

【简评】"替"是指代人办事。买鸡蛋不是为了扔的，更不用你"替"。

7. 独立语

如果句子里的某个词或短语和句中的其他成分没有结构关系，又是句意上必需的成分，这种成分叫独立语。独立语包括插入语、呼语等。

呼语用来称呼对方，明确说话的对象。呼语故意或无意错用，都会形成幽默。

青春护肤膏

一个主妇指着柜台上出售的青春护肤膏问："老板，这玩意儿到底有啥用？"

"有啥用？"老板听后一怔，然后理直气壮地叫来一位年轻女售货员："妈，让这位太太瞧瞧您的皮肤。"

【简评】"妈"这个呼语来得真及时。"妈"都这么年轻，可见护肤膏之神奇。当然这一着凡人不行。一是反应要快，二是要甘当儿子。

着火

一个顾客正在理发馆刮胡子，突然有人跑进来拍拍他的肩膀，说："麦尔西先生，你家的房子着火了！"这位顾客顾不上脸上的泡沫，站起来，疯狂地往家跑。大约跑了 100 米远，突然停下来，气喘吁吁地说："我跑个啥？我又不是麦尔西先生！"

【简评】既然呼语用来明确说话对象，你不是麦尔西先生，着火的自然也不是你家。

求婚

他俩是昨天晚上在舞会上认识的，约好次日黄昏在公园相会。

小伙子拉起姑娘的手说："你是天上的月亮，地上的清泉，没有你，我无法生活。我真心实意地向你求婚。做我的妻子吧，亲爱的柳疤。"

姑娘惊叫着："我不是柳疤，我是玛莎！"

【简评】连姓名都没弄清楚，那些溢美之词只能是空话、瞎话。

你真可爱

一天，爱因斯坦乘坐公共汽车时，眼镜掉了。他弯下身子摸，怎么也摸不着。这时，坐在他对面的一个小姑娘把眼镜拾起来，递给他。

"谢谢，小姑娘，你真可爱。告诉我，你叫什么名字？"

"克拉拉·爱因斯坦，爸爸。"

【简评】科学家掉了眼镜，看不清，难道把自己的女儿也忘了？女儿却偏偏把呼语放在最后，若是早喊爸爸，还用问名字吗？

坏消息

医生刚给一位漂亮女子做完检查，证实她怀孕了，便说："玛莎太太，我有一个好消息告诉你。"

"不，是玛莎小姐。"年轻妇女更正道。

"噢，玛莎小姐，"医生赶忙说，"那么，我有一个坏消息告诉你。"

【简评】呼语一改，身份即变，诊断结果的性质也得改变。不是喜得贵子，而是未婚先孕。

（二）句类

根据句子的基本交际职能（用途）及其表达的语气分出来的类型叫作句类。句类可分为四种，即：陈述句、祈使句、疑问句、感叹句。

1. 陈述句

以陈述语气表示对事实的判断、描写、叙述的句子是陈述句。陈述句叙述事实，往往有所肯定或否定，这就用到判断句。

判断句的主语表示判断对象，其宾语表示判断对象所具有的性质，判断动词“是”表示判断对象与性质之间的联系。判断句可以表示肯定判断或否定判断。判断句运用得巧妙，可收到风趣、幽默的效果。

唐伯虎巧题祝寿诗

明代著名书画家唐伯虎亦长于诗。有一次，一家老太太做寿，宾客满堂，唐伯虎亦应邀前往。席间酒酣，有人请唐伯虎题一首祝寿诗，他并不推辞，稍加思索，便写下了第一句：“这个婆娘不是人，”

众人一看，不禁为之失色。接着，他笔锋一转，写了第二句：“九天仙女下凡尘。”

大家转忧为喜，击节叫好。唐伯虎看着这种狂热场面，又兜头泼了一盆凉水，写下了第三句：“儿孙个个都是贼，”

一下子把在场的儿孙们气得怒目圆睁，眼看快要发作了，唐伯虎蘸墨挥毫，刷刷刷写下最后一句：“偷得蟠桃奉至亲。”

这下子，博得满堂喝彩。

【简评】故作相反的判断，将贬义词拿来欲扬先抑，制造悬念，使得全诗奇险跌宕，造成大家情绪的大起大落，这正是唐寅此诗不同寻常之处。

吵架

一对年轻夫妇吵起架来。

妻子："我真是个大傻瓜，竟会跟你这样的人结婚。"

丈夫："是的，你过去的确如此。不过，我原以为你会变得聪明些的。"

【简评】"真是"在这里表示自怨自艾的虚拟语气，并非表示肯定判断。丈夫则从历史及现状予以充分肯定，还能不接着吵？

男女不分

在野外游艺会场，一位学者看到几个打扮得男女不分的年轻人，便皱起眉头对身边的人说："真不像话！你看看，那些姑娘剪了头，抽着烟，穿着紧身牛仔裤，到底是男的还是女的？"

"女的。"旁边的人郑重地回答道，"是我的姑娘和她的女友。"

"啊，那太对不起了。"学者慌忙道歉，并解释道："我不知道您是她的父亲，不然的话我就不会讲刚才那样失礼的话了。"

"不，我不是她的父亲，我是她的母亲！"

【简评】判断屡屡失误，皆因女扮如男。第一次并不足怪：远远看去，还能认出"那些姑娘"，"男女不分"只是故作反问。第二次对近在身边的太太竟然错认成男士，才是真正的男女不分。

先发制人

在实弹射击操练中，有个士兵连发几枪都没中靶。教官怒气冲冲地夺过士兵的枪，声色俱厉地说："笨蛋！你瞎了眼吗？瞧我的。"

他瞄准射击，可是子弹飞出了靶外。他气势汹汹地转身向士兵吼道："瞧，你就是这样打枪的！"

【简评】当众出丑，竟然强词夺理，推脱责任。要"瞧"的是百发百中，打飞了谁用你演示。

2. 祈使句

以祈使语气表示命令、请求的句子是祈使句。有意无意地错用祈使句，也常常会形成幽默。

恶少

有恶少，值岁毕时，无钱过岁。妻方问计，恶少曰："我自有处。"适见篦头者过其门，唤入梳篦，且曰："为我剃去眉毛。"才剃一边，辄大嚷曰："从来篦头，有损人眉宇者乎？"欲扭赴官。篦者惧怕，愿以三百钱陪情①，恶少受而卒岁。妻见眉去一留一，曰："曷若都剃去好看。"恶少答曰："你没算计了，这一边眉毛，留过元宵节。"（明江盈科《雪涛谐史》）

〔注释〕①陪情：认错，赔不是。

【简评】是你主动要求剃的，纯属无赖。无赖却有远见，想到了元宵节，但那时谁还给你剃？

误会

有位绅士住在一家乡村旅社里。清晨，当他步入餐厅吃饭时，一个客人从餐桌边站起身来。

“坐下，坐下。”这位绅士风度翩翩地对他说。

“怎么啦？”那人反问道，“难道连我去邻桌取点盐你也不准吗？”

【简评】素不相识，起立本与你无关。大人物自以为受人尊敬，故作谦虚，哪知道祈使句限制了人家的自由。

3. 疑问句

以疑问的语气提出问题的句子是疑问句。疑问句根据表示疑问的情况和结构特点，可以分为五类：

是非问：这种句子可以用“是”（对、可以等）或“非”（不、没有等）来回答。如：“你去吗？”

特指问：用疑问代词（谁、什么、怎样等）代替未知部分的疑问句，说话者希望对方就未知部分加以答复。如：“谁去看电影？”“什么片子？”“怎么买票？”

选择问：提出两种或几种看法，希望对方选择一种来答复。如：“你去呢，还是他去？”

正反问：把可能有的事情的正面（肯定）和反面（否定）并列说出来，让人选择一项作为答语。其特点是不采取复句的形式，而是常在谓语中用肯定和否定并列的形式来提问。如：“你到底去不去？”

反诘问：是无疑而问的一种，它常常是以问句表达肯定的意思。如：“这么好的片子你还不去？”

（1）是非问

绝妙的办法

“你是怎样把丈夫整夜外出的习惯改过来的？”

“有一天晚上，他很晚才回来，我故意喊道：‘是拉尔夫吗？’而我丈夫的名字是约翰。”

【简评】明知不是“拉尔夫”而故意问“是拉尔夫吗”，让丈夫约翰不得不警惕第三者插足，从而不再整夜外出。

（2）特指问

写真

有写真者，绝无生意，或劝他将自己夫妻画一幅行乐贴出，人见方知。画者乃依计而行。一日，丈人来望，因问：“此女是谁？”答曰：“就是令爱①。”又问：“他为甚与这面生人同坐？”（清游戏主人《笑林广记》）

〔注释〕①令爱：旧时尊称对方的女儿。

【简评】连丈人都认不出女儿、女婿，足见画得面目全非，“写”而不“真”，难怪“绝无生意”。

及时推销

一个人在繁忙的牛津大街上被公共汽车撞倒了，马上就有一群人围观。那个人神情恍惚地坐起来说：“我这是在哪里呀？”

“先生，这正是你需要的东西。”一个街头摊贩说，“伦敦地图——一张才三十五个便士！”

【简评】神志恍惚时的疑问，不是因为地理不熟，而是因为头脑不清。此时最需要的是治疗。摊贩见缝插针，趁机推销，可谓无孔不入。

问路

一位英国大法官在乡间开车迷了路，问路旁的一位农夫："劳驾，我现在是在什么地方？"

"你怎么啦？"农夫看了看他说，"你不是正在你的车子里吗？"

【简评】大法官不是不知自己在车子里，而是询问地理路线。农夫故意作了曲解。

电报

一个大学生打电报给父亲："钱呢？"

父亲回电报说："在这里。"

【简评】电文高度精练。其实是要钱而并非疑问；回电解答了疑问，却解决不了经济困难。

遇偷儿

乡居有偷儿，夜瞰①过公室，公适归遇之。偷儿大恐，并弃其所窃来羊裘而遁。公拾得之大喜。自是羊裘在念，每夜归，门庭晏然②，必蹙额曰："何无贼？"（明浮白斋主人《雅谑》）

〔注释〕①瞰（kàn）：窥看。②晏然：平静，安宁。

【简评】"何无贼"是希望有贼，好再得一件羊皮袄，蠢汉也。又一个"守株待兔"的笑话。殊不知守株待兔，不过耽误点时间；

夜归盼贼，家产则可能荡然无存。

（3）选择问

驭者

仁宗时，孙良孺为军巡判官，喜诈伪，能为朴野状。京师人多赁马出入，驭者先许其直，必问曰："一去耶？却来耶？"苟乘以往来者，其价倍于一去也。良孺以贫不养马，每出必赁之。一日，将押辟囚弃市[①]，而赁马以往，其驭问曰："官人将何之？"良孺曰："至法场头。"驭者曰："一去耶？却来耶？"闻者骇笑。（明郭子章《谐语》）

〔注释〕①弃市：指死刑。

【简评】不必要的疑问。去处乃是法场——断头台，官人不是犯人，岂可一去不回！

吃饭

顾客："老板，一碗馄饨。"

服务员："好的，打包还是带走？"

顾客："什么？"

服务员："打包还是带走？"

顾客（生气）："什么？"

服务员："打包还是带走？"

顾客（怒火爆发）："就不能在这吃吗？"

【简评】"还是"用于选择句式，必须提供两种以上不同方案。打包就是带走，毫无选择可言，一而再，再而三，有慢待人、驱赶人的嫌疑，不由人不发火。

词不达意

英军有一个团买了一头驴子作为吉祥物。不幸的是，没有几天驴子就死掉了。由于团长出差在外，于是副团长便打了个电报给他：“驴子不幸逝世。再买一头，还是等你回来？”

【简评】“还是”表示两种相关选择：现在买，还是“等你回来再买”。但如果将“等你回来”与“再买一头”并提，即团长回来就可以不买了，有一足矣——团长就是驴子。

遗言

有位老人临终前对妻子说：“萨拉，我死后，一定要把店铺交给戴维。”

“戴维？为什么不交给乔易？他可是个精明的孩子啊！”

老人忍让地点头表示同意，“好吧。那么，把旅行汽车给哈里吧。”

“可贝恩家里需要这辆车。”

“好吧，那就给贝恩。那么，把别墅让给安吧。”

“老头子，你知道安最讨厌农村，还是给罗莎利吧。”

“老婆子，”老头子哼哼着说，“到底是谁快死了呢？是你还是我？”

【简评】末句明知故问，表达了临终老人的不满与无奈。

（4）正反问

射谜

吴门张幼于，使才好奇。日有闯食者[①]，佯作一谜粘门云："射中[②]许入。"谜云："老不老，小不小；羞不羞，好不好。"无有中者。王百谷射云："太公八十遇文王，老不老；甘罗十二为宰相，小不小；闭了门儿自己吞，羞不羞；开了门儿大家吃，好不好？"张大笑。（明浮白斋主人《雅谑》）

〔注释〕①闯食者：不请自来的食客。②射中：猜中。

【简评】四射三中，问得好，大家吃得也更开心。

七月儿

有怀孕七个月即产一儿者，其夫恐养不大，遇人即问。一日，与友谈及此事，友曰："这个无妨，我家祖亦是七个月出世的。"其人错愕[①]，问曰："若是这等说，令祖[②]后来毕竟养得大否？"（清游戏主人《笑林广记》）

〔注释〕①错愕：仓促间感到惊愕。②令祖：对对方祖先的尊称。

【简评】不必要的疑问。令祖养不大，何来后代子孙？

睡衣与剃刀

旅客对旅馆侍者说："快，到 415 号房间看看我的睡衣和剃刀还在不在，我叫的计程车马上就要来了！"

五分钟后，气喘吁吁的侍者回来报告说："是的，先生，你那两件东西都还在 415 号房间放着。"

【简评】这里的“还在不在”不但表示疑问，还包含有祈使的意思（“在，就拿来”）。离开旅馆，东西就要带走；如果不带，“在不在”又与我何干。

（5）反诘问

刚来不久

老板呵斥雇员：“你以为我是傻瓜吗？”

“不知道，我刚来不久。”雇员答道。

【简评】老板用反诘问来训斥雇员，雇员却当是非问来回答老板。雇员真是一点也不傻。

4. 感叹句

以感叹语气表达强烈感情的句子是感叹句。

真是虱子

有个人衣冠楚楚，但身上却长了虱子。

有一天，他同许多人坐在一起，被虱子咬得浑身发痒，便随手摸到一只，丢到地上，还若无其事地说：“我还以为是只虱子呢！”座上有一个人特地找到了这只虱子，对众人说：“我还以为不是只虱子呢！”

【简评】“我还以为是只虱子呢！”以“个人误认”的句式否定了“这是只虱子”的判断，巧妙地遮了丑。哪知道更有认真者，不仅找到这只虱子，而且以同样句式反唇相讥，重新揭了丑。其潜台词是：“我还以为这个衣冠楚楚的人身上不会长虱子呢。”

选女婿

美国休斯敦市有一位百万富翁，他把全城单身汉召集到家里，当众宣布愿意将女儿嫁给他们中间的任何一个人，并以自己的一半财产作嫁妆。单身汉们都眉开眼笑，但又不知道要具备什么条件。这时，百万富翁把他们带到自己的游泳池边，打开一个大铁笼，将一只凶猛的狮子赶下水，然后说："谁最先游到游泳池对面，谁就是我的女婿。"

所有单身汉都面面相觑。虽然他们都想得到富翁的女儿，但还不至于肯为此把命送掉。

突然——"扑通"一声，一个单身汉居然跳到水里，并发疯似的以惊人的速度游到对岸，眨眼工夫安全地上岸了！

百万富翁愣了片刻，满肚子不高兴地走到他面前祝贺："小伙子，你真棒！我想你一定很需要我女儿。"

"不！"这位单身汉气急败坏地吼道："我需要的是想知道，是哪个狗崽子把我推下水的！"

【简评】惊魂甫定，余悸未消，怒气冲冲要找人算账，再也顾不得眼前。看来，还是生命重要。

（三）句型一——单句部分

按句子的结构划分出来的类型，叫句型。句型又叫句式，指的是句子的格局。

依据结构划分句子可分为单句和复句，单句分主谓句和非主谓句两类。

从谓语性质看，可分为动词性谓语句、形容词性谓语句、名词性谓语句和主谓谓语句。从主语所表示的人或事物是施事还是受事看，可分为主动句和被动句。从其他角度划分可分成省略句和完全句、变式句和常式句等。一个句子从不同角度看可以属于多种类型。

1. 主谓句：由主谓短语形成的单句叫主谓句。它包括主谓谓语句、连谓句、双宾句、兼语句、存现句、“把”字句、“被”字句等。

（1）主谓谓语句

由主谓短语充当谓语的句子叫主谓谓语句。如“老李头疼”“香蕉一只也没吃”。

请看马眼

一次，杰克的白马被邻居偷走了。杰克在邻居家的马棚里认出了自己的马，便带着警察去讨，但邻居根本就不认账：“马是我的！”

“那好，”杰克把马的两眼用手捂住，说，“如果这马是你的，那你说说这马眼睛哪只是瞎的？”

邻居想了想，说：“右眼。”

杰克把手从马的右眼拿开，马的右眼又大又亮。

“哟，我搞错了，”邻居摸摸脖子，“是左眼。”

杰克又把左手移开，马的左眼也光芒四射。

“哎哟，我又错了……”

“好了好了，”警察早等得不耐烦了，“杰克，把马牵走吧！”

【简评】“马眼睛哪只是瞎的”为主谓谓语句，此句中的小主语（“哪只”）为大主语的一部分，二者有领属关系，指生理器官。

既然具体问到"哪只"，客观上自然含有"马眼睛"的意思在内；偷马人顺竿爬胡诌，正好上当。

牙痛

老师："你昨天为什么不来上学？"

学生："牙痛，看医生去了。"

老师："现在牙还痛不痛？"

学生："不知道，因为那颗牙留在医生那里了。"

【简评】第二句学生省略了主语"我"；第三句老师仍是问"你"，学生却按一般主谓句来回答，专指那颗拔掉的坏牙。其实它本身没知觉，不会痛。

（2）连谓句

赋诗

闽地越海贼曰郑广，后就降，补官，官同强之作诗。广曰："不问文官与武官，总一般。众官是做官了做贼，郑广是做贼了做官。"（宋邢居实《拊掌录》）

【简评】"做官了做贼""做贼了做官"同是两个连续动作，构成连谓式后的意义却有区别。一般说来，后一个动词更重要，这是因为前一动词常表示动作的方式、方法、手段、工具等（因此有人主张把它看成状语），而后一个动词则常常表示动作的进行、目的。"做官了做贼"较"做贼了做官"似乎更具威胁。

2. 非主谓句

分不出主语和谓语的单句叫非主谓句。它由主谓短语以外的短语或单词构成，可分为动词性非主谓句、名词性非主谓句和叹词句等。

（1）动词性非主谓句

由动词或动词性短语组成。这种句子不是省略主语，而是不需补出或无法补出主语，所以也叫“无主句”。如“出太阳了”“禁止吸烟”。因为缺乏相关成分，动词的意义常常会被误解或曲解。

任你选择

有人去一家餐馆吃饭，见墙上贴着一张纸，写着“服务热情，任你选择”，便问女侍者有什么菜。

“芦笋。”女侍者回答。

“有什么可选择的呢？”

“你要或是不要。”

【简评】标语常用无主句。“任你选择”省略的主语应是饭菜名。不是让顾客选择食物，而是让顾客选择自己的态度，服务真是“到家”了。

（2）名词性非主谓句

由一个名词或名词性偏正短语组成，表示说明、赞叹、惊讶、呼唤等。也叫独语句。如果错解成其他句子成分，便会形成幽默。

自骂自

从前有一位大官，坐了轿子进城。夜很深，城门紧闭，他的听差威风凛凛地喊道：“王大人来了，快开门！”

守城的卫士不认识他，回答说：“拿张片子来看看！”

这位王大人听了，大动肝火，心想：老爷无论走到哪里都是任意出进，一个小小的卫士竟敢向自己要片子！于是，他坐在轿子里大声嚷道："狗东西！你要片子吗？片子就是我，我就是片子！你不认识老爷？老爷姓王，王八蛋！"

【简评】"王八蛋"是骂人的话，独语句，但在这里因为跟得太紧，会使人看作上句的一部分，即自我介绍，这就是自骂自了：老爷姓王，名叫王八蛋。

一站地

一个朋友在公交车上问旁边的人："到前门在哪儿下车？"那个人告诉他："一站地。"结果他一直坐到终点站，也没听到报"一站地"。

【简评】回答"在哪儿下车"，一般用独语句，即说出站名；如果再热心点，算一下站数，一般说"还有一站地就到"。问者只求站名，将后者理解成前者，闹出笑话。

独语句与句子成分中的独立成分"呼语"的区别在于：

独语句单独成句。名词或名词性短语形成的独语句表示客观叙述或说明（某种人或事物的存在）。

呼语则多为名词或名词性短语，用作称谓。它是句子成分的一部分，与句中的其他成分有结构上、语气上的直接联系，中间不能隔开。

谁发现的美洲新大陆

历史考试时，有个学生什么也不知道。老师为了给他一个及格的机会，便提了个很简单的问题："美洲大陆是谁发现的？"

这个学生还是什么也不知道。老师气急地喊道："哥伦布！"

这个学生拔腿就走。老师惊奇地把他叫住："喂，你为什么走啊？"

学生也惊奇地回答；"您不是叫下一个学生了吗？"

【简评】老师是用答案（独语句）提示学生，学生却当成了叫下一个人，可见脑子里没有一点关于哥伦布的印象，着急、启发，全都白搭。

3. 省略句

在特定的语言环境中，根据表达的需要，可以省略句子的某些应具备但是不说自明的成分，以便使表达更为简洁突出。省略句的类型有"承前省""蒙后省""对话省"等。省略的部分可以是主语，也可以是谓语或其他成分。

省略句既然少了某些应具备的成分，有时则不一定"不说自明"，可能会造成误解，闹出笑话。

（1）省略主语

该死

众至一家祝寿，饮酒间行令，各说寿字一句。一人喊云："寿夭莫非命。"众哗曰："是何言也！"以大钟罚之。即曰："该死该死。"（明冯梦龙《笑府》）

【简评】"寿""夭"并提，大不吉利；而"莫非"自然摆出了两种情况，所以遭到众人指责。"该死该死"省略主语"我"，原是自怨自艾之词，但恰恰又成了对“是何言也”的答复和解释。“该死”自然排除了“寿”，肯定了“夭”，越描越黑。

问令尊

一人远出，嘱其子曰：“如有人问你令尊[①]，可对以小事外出，请进拜茶。”又以其呆，恐忘也，书纸付之。子置袖中，时取看。至第三日，无人来问，以其纸无用，付之灯火。第四日忽有客至，问令尊，觅袖中纸不得，因对曰：“没[②]了。”客惊曰：“几时没的？”对曰：“昨夜烧了。”（明浮白主人《笑林》）

〔注释〕①令尊：称对方父亲的敬辞。②没：指死亡。

【简评】客人问的是令尊，呆子答的是纸条。口语中主语习惯省略了，却不知老爹要死掉。

（2）省略谓语

没有谈过

“我妻子绝对不理解我。你妻子呢？”

“不知道。我和她一次也没谈论过你。”

【简评】问话省略了谓语部分，应是“你妻子是否理解你”而不是“你妻子是否理解我”。问别人的妻子理解不理解“我”，哪有这样问的？

骡子和松节油

“哎，”一个农夫说，“你的骡子病了的时候，你给它吃的什么？”

“松节油。”另一个农夫回答。

两个星期后，他们又见面了。

“上次我问你骡子病了给它吃什么，你说什么了？”

“松节油。”

“我给我的骡子吃了松节油，可是它死了。”

“我的骡子也是吃松节油死的。”

【简评】特定语境中，自然是问“吃什么治好”的妙方。既然骡子吃死了，就不该再将此方教人。天底下真有这样的“实在人”，一句话也不多说。

（3）省略宾语

连服三天

巴德尔看完病，医生递给他一个开好的药方：“请把这个药方收好。每天早上服一次，连服三天。”

巴德尔回到家里，把处方仔细地裁成三张。

每天早上他都按时吃一张。

【简评】医生的话省略了宾语“药”。吃的应是按处方抓的药，不是处方纸。不然，吃得多准时也不管用，说不定还会添病呢！

牙疼病人

某人牙疼，找到了牙医，但怕得要命，不敢让医生拔。医生给他喝了两杯威士忌，问：“怎么样，现在不怕了吧？”

“那当然！”病人大声吼道：“我倒要看看，谁敢碰我的牙！”

【简评】问的是“怕不怕拔牙”，答的是“谁”（任指代词，包括医生）都不怕，还不如不喝酒好办呢。

问名字

医生对护士说：“你去问问那个受伤病人的名字，好通知他家里。”

护士一会儿回来说：“病人说：‘不用了，家里人知道我的名字。’”

【简评】“通知”的是受伤住院的消息，而不是名字，家里人难道还不知道他叫什么吗？

（4）省略定语

贱卖猪头

屠宰厂每天要宰几百头猪。厂内职工常常留下一些猪头，廉价卖给熟人。

一天，厂里卖完猪肉，就在留下的猪头上分别写上熟人的名字：张三、李四、王五、马六……

有个名叫吴七的领导进得厂来，一看没有自己的名字，便大发雷霆：“混账！怎么没有我的头？”

【简评】“猪头”一般看作偏正式合成词。即便看成短语，其限制性定语也是绝对不能省略的。“我的猪头”绝对不能说成“我的头”。

生而完整

“我出生在肯塔基州。”

“是吗？哪一部分？”

“我整个儿出生在肯塔基州！”

【简评】问的是“肯塔基州”的“哪一部分”，省略定语；答句故意将“哪一部分”引作“出生”的主语，这显然是故作笑谈。人都是整个儿出生的，哪能大卸八块地问世。

（5）省略状语

遵医嘱

病人三天后来医院复诊。医生微笑着对他说：“经我这一治，你的病好多了吧？”

“是这样的，先生！我是按照您给的药水瓶上面的说明去做的。”

“那上面写着什么？”

“请注意把瓶盖拧紧。”

【简评】说明省略了“吃完药后”这一状语，光写了“把瓶盖拧紧”，这位先生遵嘱，一口药没沾。光拧瓶盖要是能治病，还要医生和药品干什么？

（6）省略中心语

聪明的格兰森

格兰森是位聪明能干的女厨师。一天，主人请客，要她烤两只鸡。鸡烤好了，肉色焦黄，客人还没有来。

格兰森在火边站了整整一下午，快渴死了，便跑到酒窖里喝了一壶葡萄酒，又回到厨房，把鸡涂了奶油，烤得吱吱作响。她用手蘸了蘸，放到嘴里尝了尝，叫道：“好香的鸡呀！现在没人来吃可真是罪过！”

她跑到窗口看看，不见一个人影儿。她盯着烤鸡想道：“这只鸡的翅膀有点焦了，我最好把它吃掉。”一只翅膀几口就下了肚，味道真好，她又想：“这一只翅膀也不能留。”于是也割下来吃掉了。

吃完后，格兰森又去看了看，依然不见人影儿。

“谁知道呢，”她自言自语道，“也许客人不来了，或许他们留下主人吃晚餐了。嘿，格兰森，给你留的好东西真多。”她大嚼特嚼，津津有味地吃了起来。

只剩一只鸡了，主人还没回来。格兰森盯着鸡，最后说：“这两只鸡是一起长大的，一只去了什么地方，另一只也该去什么地方，这样就公平合理了。”于是第二只鸡也下了肚。

她刚吃完，主人就进了门。

“快点儿，格兰森，几分钟内客人就要来了。”

“是的，主人，我很快就准备好了。”

主人看见台布已经铺好，就拿起大餐刀到走廊的磨刀石上去磨，等客人来了好割肉。

客人到了，轻轻敲门。格兰森走过去，只开了个门缝，把手捂在嘴上，对着客人耳朵小声说：“别作声，赶紧跑，能跑多快就跑多快。要是让主人捉住，你们可就倒霉了——他请你们吃饭是假，要割你们耳朵是真。你们听，他正在磨刀呢！”

客人们一听，果然有磨刀声，于是掉头就跑。

格兰森跑到主人面前，尖声高叫：“你请来的好客人！”

“怎么搞的，格兰森，你这是什么意思？”

“他们刚刚进门，看见我端着两只漂亮的烤鸡，抢过去就跑了！”

主人大喊一声“岂有此理”，连餐刀也忘了放下，就出门去追。

客人们见他提着刀追来，跑得更快了。

主人心想；只要追回一只，就够自己的晚餐了，于是高声喊道；“只要一只！给我一只就行了！”

客人们吓得手捂着耳朵，边跑边喊：“不给，一只也不给！”

【简评】“一只”的中心词语省略，偏偏这二者又都论“只”。说者指“鸡”，听者当成“耳朵”。文字长了些，这正是此类故事的特点：娓娓道来，最后一语破的，揭开幽默的包袱。

（四）句型二——复句部分

复句是由两个或几个意义上相关、结构上相对独立、互不包含的单句形成的表意比较复杂的有统一语调的句子。

构成复句的单句形式叫分句。复句的几个分句在结构上和意义上都有密切联系，这种联系可以称为逻辑关系。这一关系有时是靠两个或两个以上分句的直接组合显示出来（意合法），但是多数情况下靠关联词来表达。

根据复句间的关系是否平等，复句可以分为两大类：联合复句和偏正复句。

联合复句内各分句之间地位平等，无主从之分。其分句之间的关系包括并列关系、顺承关系、选择关系、递进关系等。

偏正复句内各分句之间地位不平等，有主有从，即有正有偏。

正句（主句）是句子的正意所在；偏句是从句，意思是从属的。其分句之间的关系包括转折关系、条件关系、假设关系、因果关系等。

1. 联合复句

（1）并列关系

前后分句分别叙述有关联的几件事或同一事物的几个方面。分句间的关系或者是并列的，或者是相对的；句式往往相同或基本相同。分句之间一般不用关联词语，常用的关联词语有“也”“而”“又……又……”“既……又……”“一方面……一方面……”等。

答令尊

父教子曰：“凡人说话放活脱些，不可一句说煞。”子问：“如何叫作活脱？”此时适邻家有借几件器物的，父指谓曰：“假如这家来借物件，不可竟说多有，不可竟说多无，只说也有在家的，也有不在家的，这话就活脱了，凡事俱可类推。”子记之。他日有客到门，问：“令尊翁在家么？”子答曰：“也有在家的，也有不在家的。”（清石成金《笑得好》）

【简评】并列分句中，“也……，也……”说明同时存在的几种情况。这里用来说明只能有一个的“令尊”，就“活脱”过分了——人毕竟只能有一个亲爹。

如意

《风俗通》云：“齐人有女，二家同往求之。东家子丑而富，西家子好而贫，父母不能决，使其女偏袒[①]

示意。女便两袒。母问其故，答曰：‘欲东家食而西家宿。’”（明冯梦龙《古今谭概》）

〔注释〕①偏袒：裸露一臂。

【简评】并列分句合成一句：“东家食而西家宿。”主意倒是不错。只是东边一家未必是冤大头，白白给别人养活老婆。

一直未婚

一个女佣每天晚上出去和男朋友幽会，三年以来，无一日间断。

一天，主妇问他：“既然你和你的男朋友感情这么好，为什么不结婚呢？”

“唉，为难得很！”女佣答道，“当他酒醉的时候，我不愿嫁给他；当他清醒的时候，他不愿娶我。”

【简评】并列分句，二难推理。要么酒醉，要么酒醒，这事一辈子也成不了，只能终身未婚。

观察力

教授带学生上实验课。他指着一个装满尿液的烧杯对同学们说：“要想当一个好的生物学家，既要有勇敢精神，又要有敏锐的观察能力。你们学我的样子试一试。”

说着，教授把指头伸进尿液，然后放到口中品尝。

同学们见状，都争先恐后地尝了起来。结果，有的皱眉头，有的吐了出来，还有的连早饭都吐光了。

这时，教授笑了起来，说：“你们是勇敢有余，观察不足啊！你们怎么没有注意到，我伸进去的是中指，而放到口里的却是食指呢？”

【简评】老师早有提醒，“既要有勇敢精神，又要有敏锐的观察能力”，学生终因“勇敢有余，观察不足”而个个上当。

车窗之争

两个妇女坐在公共汽车上，一个要关上车窗，另一个要开着车窗。她俩正吵着，售票员走了过来。

“售票员，”头一个妇女喊道，“如果开着这扇窗，我就会冻死。”

“售票员，”另一个也叫道，“如果关上这扇窗，我就会闷死。”

售票员不知如何是好。这时，坐在旁边的一位老者开口说：“那好办。开开窗户，冻死一个；再关上窗户，闷死一个，这样我们才得以安生。”

【简评】两个妇女的假设关系复句，意见针锋相对，售票员陷入矛盾。倒是老者谋略过人，并列分句，一开一关，一人冻死，一人闷死，耳根子才得清静。

（2）顺承关系

几个分句按时间、空间或逻辑事理顺序说出连续的动作或相关的情况。分句之间一般不用关联词语。

病忘

齐有病忘者，行则忘止，卧则忘起。其妻患之，谓曰：“闻艾子滑稽多知①，能愈②膏肓之疾，盍③往师④之？”其人曰：“善。”于是乘马挟弓矢而行。未一舍⑤，内逼⑥，下马而便焉，矢植于土，马系于树。便讫，左顾而睹其矢，曰：“危乎！流矢奚自[7]，几乎中予！”右顾而睹其马，喜曰：“虽受虚惊，乃得一马。”引辔[8]将旋[9]，忽自践[10]其所遗粪，顿足曰：“踏却犬粪，污吾履矣，惜哉！”鞭马，反向归路而行，须臾抵家，徘徊门外曰：“此何人居，岂艾夫子所寓邪？”其妻适见之，知其又忘也，骂之。其人怅然曰：“娘子素非相识，何故出语伤人？”（明陆灼《艾子后语》）

〔注释〕①滑稽多知：诙谐、善于引人发笑而且聪明有智慧。知，同“智”。②愈：治好病。③盍：何不。④师：学习，求教。⑤舍：古代行军三十里为一舍。⑥内逼：指急欲大便。⑦奚自：从哪里来，来自什么地方。⑧辔：驾驭牲口的缰绳。⑨旋：返回。⑩践：踏，踩。

【简评】一系列可笑的动作、言辞连续发生，运用顺承复句，极为简练。

看镜

有外出生理[1]者，妻嘱回时须买牙梳，夫问何状，妻指新月示之。夫货毕将归，忽忆妻语，因看月轮正满，遂买一镜回。妻照之，骂曰：“牙梳不买，如何反取一妾？”母闻之，往劝，忽见镜，照云：“我儿，有心费钱，如何取个婆子？”遂至讦讼[2]。官差往拘之，见镜慌云：“如何就有捉违限[3]的？”及审，置镜于案，官照见，大怒云：“夫妻不合事，何必央乡宦[4]来讲？”（明浮白主人《笑林》）

〔注释〕①生理：做生意。②讦讼：双方互相攻讦的争讼。③违限：差役办案超过了期限。④乡宦：退休居住乡里的官宦。

【简评】夫、妻、母、差、官，一人一个理解，一系列顺承动作，如出一辙。一个个都不认识“自我”。

好睡

华亭丞谒乡绅，见其未出，座上酣睡。顷之，主人至，见客睡，不忍惊，对座亦睡。俄而丞醒，见主人熟睡，则又睡。主人醒，见客尚睡，则又睡。及丞再醒，暮矣，主人竟未觉①，丞潜②出。主人醒，不见客，亦入户。（明冯梦龙《古今谭概》）

〔注释〕①觉：醒。②潜：秘密地；暗地里。

【简评】两个“睡鬼”的动作紧紧相承，终于将大好时光耗尽。

（3）选择关系

分别说出两种或几种可能的情况，让读者从中选择；或者选定其中的一种，舍弃另一种。常用的关联词语有“是……还是……”“或者……或者……”“不是……就是……”“与其……不如……”等。

火烧裳尾

有人性宽缓①，冬日共人围炉，见人裳尾为火所烧，乃曰：“有一事，见之已久，欲言之，恐君性急；不言，恐君伤②太多。然则言之是耶？不言之是耶？”人问何事，曰：“火烧君裳。”遂收衣火灭，大怒曰：“见之久，何不早道？”其人曰：“我言君性急，果是。”（宋无名氏《籍川笑林》）

〔注释〕①宽缓：徐缓，缓慢。②伤：指损失。

【简评】慢性子的典型。火上眉梢的时刻，却娓娓道来，堪称迂腐。“言之是耶？不言之是耶？”选择句式提出两种选择。火烧裳尾，本无选择可言，说出愈迟，所伤愈多，还能不使人着急？

两全其美

彼得问太太：“庆祝我们结婚周年纪念，是我买件首饰送给你好呢，还是去日本旅游好？”

“去日本好了，”太太回答，“那里的珠宝便宜。”

【简评】选择问“是……还是……”应当二者选一。太太一句话足矣，谁知还有第二句，既旅游，又买了首饰。巧妙的二者兼得，还装出一副替丈夫考虑省钱的样子。

给你们俩的

一个病人请医生看病，看完病给了医生两便士的硬币。医生感到自己受人轻视了，就问患者：“这是给我的，还是给护士的？”

“这是给你们俩的。”病人大声说道。

【简评】医生的选择问，潜台词是钱太少，只配给护士；没想到还要俩人分，医生的报酬连两便士也不配。

提供选择

夫妻二人争吵得很厉害，妻子便提出建议：“我有两个方案可以结束这场争吵。一个是，要么我们都承认是我对了。”

“另一个呢？”丈夫问。

“要么我们都承认是你错了。”妻子说了第二个方案。

【简评】两种选择，其实一回事，那还选个什么劲，都是你有理。

（4）递进关系

后面分句的意思比前面分句更进一层，一般由小到大，由轻到重，由浅到深，由易到难。常用的关联词有“不但……而且……”“不仅……还……”等。

多了零件

刚刚买来收音机，儿子就给拆了。

爸爸：“小强，你把零件弄丢了吧？”

儿子：“不，爸爸，您说错了，不仅没少，还多出了三件呢！”

【简评】不该递进时则不能递进，多了和少了一样糟糕。

2. 偏正复句

（1）转折关系

前后两个分句的意思相反或相对，即后一分句不是顺着前一分句的意思说，而是转到相反或相对的方面。其表意的重点在后一分句。常用的关联词有“只是”“不过”“可是”“然而”“却”“虽然……但是……”等。

不吃素

有僧同至人家席上。主人以其出家，乃问曰：“师父可用酒否？”僧笑曰：“酒倒也用些，只不吃素。”（清石成金《笑得好》）

【简评】主人的思路是僧人“戒酒忌荤”，僧人赶紧用“只”

来表示转折，“得酒望荤”，好一个出家僧人，原来是酒肉和尚。

诚实的人

一个老守财奴临死前把他的医生、律师和牧师叫到床边，说：“据说金钱是‘生不带来，死不带去’的，我倒要试一试。这里是三个信封，每个装有三万元现款，你们每人拿一个。我死后他们盖棺材时，请你们把信封扔进去。”

葬礼后回家的路上，牧师坦白地说：“对不起，我的教堂等钱用，我只扔进去两万元。”

医生说：“我也得坦白，我只扔进去一万元，因为我要用钱办诊所。”

律师说：“先生们，我真替你们害臊。我是如数扔进去的。不过，我扔的是一张我签发的支票。”

【简评】一个比一个心黑：扔两万，扔一万，一点没扔。还是律师更理直气壮，又占了礼，又得了钱，一举两得。然而“不过”一词略作转折露了馅儿，支票毕竟一文不值。

（2）条件关系

偏句提出一个条件，正句说明在满足这种条件的情况下所产生的结果。常用的关联词有“只有……才……”（表示唯一条件）、“只要……就……”（表示必要条件）、“无论……都……”（无条件句式）等。

妄评文

迂公读书未识字，每附会[①]知文。见制义[②]，辄胡乱

甲乙之，谓人曰："凡文章以趣胜。须作得有趣，才有趣；若作得无趣，便无趣矣。"（明浮白斋主人《雅谑》）

〔注释〕①附会：把没有联系的事说成有联系。②制义：即八股文。

【简评】有了上句条件，才有下句结果。两个分句如果意思相同，必是十足的废话。"须作得有趣，才有趣"，这不等于白说？

保证活一百岁

咖啡馆的老板大声喊着："无论哪一位先生，只要坚持在1200个月里每天喝我一杯咖啡，我保证他能活到一百岁。"

【简评】1200个月就是一百年，能"在1200个月里每天喝我一杯咖啡"，自然能活到一百岁。

（3）假设关系

偏句提出一种情况假设，止句说明这种假设实现后的结果。假设可分两类：一般假设。前后分句意思一致，即在这种情况下就会产生这样的结果。常用的关联词有"如果……就……""假如……那么"等。让步假设。前后分句意思不一致，前一分句先退一步假定某种事实，后一分句说出与这一假设实现后的结果相反的情况。常用的关联词有"即使……也……""哪怕……也……""就是……也……"等。

死后佳

叶衡罢相①归。一日病，问诸客曰："我且②死，但未知死后佳否？"一士人曰："甚佳。"叶惊问曰："何以知

之？”士人曰：“使③死而不佳，死者皆逃归矣。一死不返，以是④知其佳也。”满座皆笑。（明浮白斋主人《雅谑》）

〔注释〕①罢相：免去宰相。②且：将。③使：假使，假如。④以是：因此。

【简评】“死而不佳”的假设正确与否，只有“鬼”才知道。但无论佳与不佳，“逃归”是不可能的，“一死不返”是金科玉律，所以只能笑言“知其佳也”。

不利语

有一人惯说不利之语，人皆厌之。一富翁所造厅房一所，惯说不利者往看，亲至门前，敲门不应，大骂曰：“浪牢门，为何关的这样紧，想必是死绝了。”翁出而怪之曰：“我此房费尽千金，不见容易；你出此不利之言，太觉不情。”其人曰：“此房若卖，只好值五百金罢了，如何要这样大价？”翁怒曰：“我并未要卖，因何估价？”其人曰：“我劝你卖是好意，若遇一场天火，连屁也不值。”

一家五十得子，三朝，人皆往贺，伊亦欲往。友人劝之曰：“你说话不利，不去为佳。”其人曰：“我与你同去，我一言不发何如？”友曰：“你果不言，方可去得。”同到生子之家，入门叩喜，直到入席吃酒，始终不发一言，友甚悦之。临行，见主人致谢曰：“今日我可一句话也没说，我走后，你的娃娃要抽四六风①死了，可不与我相干。”（清程世爵《笑林广记》）

〔注释〕①四六风：脐风。初生婴儿疾病，发病多在出生后四天至六天。

【简评】假设要有根据。因门紧而言“死绝”，房子“若卖”“若遇一场天火”，都是从何谈起？尽往倒霉处假设。好不容易忍了一天，临走时又编排出个“四六风”，一下子全砸。

决定性建议

一个青年人上班时总是邋邋遢遢的。有一天经理把他叫去，说：“我不知道你的婚姻状况。但是，我对你只有一个建议：如果你是单身汉，就请你结婚；如果已经结婚，那就请你离婚。”

【简评】独身者不修边幅，则需要找个妻子照顾；已婚者不修边幅，则妻子可能是懒鬼。要改变邋遢的现状，只有改变婚姻状况，无非结婚和离婚这两种可能。

朋友之间

“如果你有十座城堡，能给我一座吗？”

“可以。”

“如果你有两辆车，能给我一辆吗？”

“可以。”

“够朋友！那么，如果你有四双袜子，能给我一双吗？”

“这个……”

“不行？那么，为什么呢？”

“我正好有四双袜子！”

【简评】假设的内容有真有假。只有没影儿的东西，才能送人。

孩子的哭

过路人：“孩子，你哭什么？”

孩子："我把一个铜板弄丢了。"

过路人："快别哭了，我给你一个。"

孩子接过铜板，又哭了。过路人问："你不是有一个铜板了，为什么还哭？"

孩子："如果那个铜板不丢掉，我现在就可以有两个铜板了。"

【简评】贪心的假设。如果"那个铜板不丢掉"，人家凭什么要给你这个铜板？

没有刹车

乘客："这下坡道多危险，如果你刹车失灵，那就完了。"

司机："请放心，我的车没有刹车装置。"

【简评】刹车失灵固然危险，但毕竟是一种假设；没有刹车，这危险是铁定了的，司机的安慰没法叫人"放心"。

溶解实验

化学老师在给学生上实验课。他把一个五马克的硬币，放进装有硫酸的试管里。

老师问学生："酸的强度能否溶解这块马克？"

大家正在思考着，坐在后排的一位学生站起来回答："不能！"

老师满意地说："你答得很好。请说说为什么不能？"

这位学生答道："如果酸能把钱溶解的话，那您就不会放入五马克，而要放入一分尼了。"

【简评】变换角度的假设。从"财迷"角度的假设推理，似乎比运用化学知识回答得更快。

以牙还牙

一个富商的看门狗要咬路过的穷人，结果被穷人用斧子砍死了。狗的主人告到了法官那里。

“你为什么要砍死他的狗？”法官问穷人。

“是它扑上来咬我，我伸过斧头去挡，它自己撞在斧刃上死的。”

“那你为什么不把斧柄伸过去？”法官又问。

“法官先生，如果它用尾巴咬我，我自然会伸斧柄给它。”

【简评】幽默的假设。狗“用尾巴咬”人不可能，“伸斧柄给它”自然也不可能。

猫哪去啦

阿凡提买回来三斤肉，吩咐妻子做一顿美味的饺子。妻子把肉炒熟吃了，只给丈夫端上一碗白皮面。

阿凡提问：“饺子呢？”

“咳！在我揉面的时候，那只该死的猫，把肉全给吃光啦！”

阿凡提抓住猫，放在秤盘上一称，不多不少，恰好三斤。他不紧不慢地说：

“妻呀，你瞧，如果这是猫的话，那么肉呢？如果这是肉的话，那么，猫哪去啦？”

【简评】两个假设，运用两难推理，从正反两方面戳穿了馋嘴妻子的谎言。

聪明与智慧

有一个人在交际场合一言不发。哲学家狄奥佛拉斯塔对他说："如果你是一个傻瓜，那你的表现是聪明的；如果你是一个聪明人，那你的表现就是愚蠢的了。"

【简评】哲学家高论的哲理性暂且不谈，只这两个假设，就把人钉在了耻辱柱上：不是傻瓜就是愚蠢的人。

猜谜

丈夫让妻子猜一个谜语："你是一位火车工程师。火车上有36个人，第一个车站有10个人下2个人上；第二个车站无人下，但有5个人上。问：工程师叫什么？"

"我怎么知道？"妻子怒气冲冲地说。

"瞧，你总是不听我说！一开头我就说'你是火车工程师'。"

【简评】假设句不用关联词语而当判断句来说，再加上大量数字转移注意力，使人昏头昏脑，不知如何回答。

（4）因果关系

偏句说出原因，正句说出结果。常用的关联词语有"因为""因为……所以……"等。

聪明的由来

小杰克逊十分可爱，招人喜欢。一天，杰克逊对妻子夸耀道："亲爱的，小杰克逊聪明的头脑，全是我传给他的，对不对？"

妻子听了，随即答道："我想是对的，因为我的聪明程度一点儿也没少呀！”

【简评】故意因果失当。“传给”之后，本身就会减少。因为妻子聪明未减，只能是丈夫遗传；丈夫虽然遗传有功，却因此成了傻瓜。

没有鳄鱼

有个旅游者来到非洲西部海岸，想下海游泳。他忽然发现水里有东西在动，心里害怕起来，便问岸上站着的一个小男孩儿：“你知道这儿有鳄鱼吗？”

“没有，先生。这儿没有鳄鱼。”

旅游者脱了衣服，跳进海里游起来，但还是有点害怕。他想，这个小男孩儿也许不知道这儿有鳄鱼吧？于是，他连忙游了回来。

他爬上岸，看见那个小男孩儿还在那儿，便问：“你为什么那么肯定地说这儿没有鳄鱼？”

“是的，这儿肯定没有鳄鱼。”小男孩儿说，“因为鳄鱼胆子很小，他们怕海里的鲨鱼。”

【简评】亏了爬上来再问。没有鳄鱼是肯定的，原因却采用倒装句式放在后边（海里有更厉害的鲨鱼），惊魂甫定，足以使人出一身冷汗。

第四章　修辞格

修辞是指特殊表达的一些方法和规律，即在表达内容和语言环境确定的前提下，如何积极调动语言因素，配合非语言因素，以最恰当完美的语言形式去获得最佳效果，既准确简洁，又生动形象，给人以深刻印象与艺术美感。

修辞格是为了使语言形象、生动而运用的一些特殊的修辞方法。

一、比喻

描写事物或说明道理时，用同它有相似点的其他事物或道理来打比方，这种修辞格叫比喻。比喻对事物的特征进行描绘或渲染，使之更生动、具体、鲜明；对深奥的道理用浅显的事物进行说明，使之更生动形象，容易理解。

比喻中被比方的事物叫本体，用来打比方的事物叫喻体，联系二者的词叫喻词。根据这三者的关系，比喻一般分为三类，即明喻、暗喻和借喻。

明喻：构成方式是本体、喻体都出现，中间用“像、如、似、好比、仿佛、犹如”等喻词连接，或者在喻体后面用“一样、似的、一般、般”等喻词来表现，也有时前后相呼应，配合使用。

暗喻：又叫隐喻，本体、喻体也都出现，而且关系更紧密，中间用“是、变成、成为、等于”等喻词连接。

借喻：本体和喻体都不出现，而且把喻体直接用在本体的位置，以喻体代本体，以突出本体的某些特征。

比喻的运用以贴切、神似、谐调为原则，幽默则反其道而行之，刻意追求由反差过大、对比荒谬造成的不谐调，喻而不当，不伦不类，从而制造出许多笑料。

1. 明喻

看相

有一痴人出街，遇一相士，论人手足曰：“男人手如绵，身边有闲钱；妇人手如姜，财谷满仓箱。”痴人闻言，拍掌大笑曰：“我的妻子手如姜也。”相士曰：“何以见之？”痴人曰：“昨日被他打了一下嘴巴，到今日还辣辣的。”（明无名氏《时尚笑谈》）

【简评】“手如姜”是以外形作比，何尝涉及味道。由嘴巴火辣辣而及姜的辛辣，联想还是蛮丰富的，但毕竟不懂比喻，且家丑外扬犹自庆幸，归根到底还是个痴人。

头一次看见

“法官先生，有人骂我，说我像一头犀牛，我能不能控告他？”

“当然能。他是什么时候骂的呀？”

“一年以前。”

“那你早该控告他了。”

“可是我昨天才第一次看见犀牛呀！”

【简评】比喻的喻体如果不为人知，自然起不到效果。没见过犀牛固然情有可原，但知识面也太窄，姑且不说以“牛”作比，就是论“头”也不像话。

2. 暗喻

豆腐

一人留客饭，止豆腐一味，自言：“豆腐是我性命，觉他味不及也。”异日至客家，客记其食性所好，乃于鱼肉中各和豆腐。其人择鱼肉大啖，客问曰：“兄尝云：‘豆腐是性命。’今日如何不吃？”答曰：“见了鱼肉，性命都不要了。”（明浮白主人《笑林》）

【简评】“豆腐是我性命”，以性命作喻，直言豆腐之好吃，借以掩盖自己的吝啬；待到大啖鱼肉时，便以不要命来夸张，实是自我解嘲的馋鬼形象。

化学家求婚

化学家求婚：“我是氧原子O，你是氢原子H，我们的结合像水（H_2O）一样稳定。”

女友回答：“另外一个H在哪里？”

【简评】水分子元素符号中，除了所说一个O与一个H外，应当还有另一个H，这是化学家漏掉的第三个原子。女友关心“另外一个H”，并非在乎分子组成，而是其比喻义的扩大引申——难道是一夫二妻？

父子三个

父子三人打麦场。爹牵牲口，老大翻场，老二嫌热，坐在树荫下喝水休息。爹看不惯了，就说："老二，你也该替你大哥一会儿了！"老大正生闷气，一听父亲这话，找到出气的机会了，便说："哼！人家能替咱？在家里人家是爹！"老二一听急了："王八羔子才是爹！"

【简评】老大"在家里人家是爹"是用的比喻义。老二情急辩解，急于推托，骂人的话脱口而出，本来是针对老大的，但"王八羔子才是爹"这句判断生发开来，却直接骂了身旁的父亲。

3. 借喻

放久的钓饵

一位老父亲问他漂亮的女儿为何还不结婚，女儿告诉他：她曾有过好几位男友，但都不如意称心，想再等一等，挑一挑。父亲警告女儿抓紧点，当心做一辈子老姑娘。女儿满不在乎地对父亲说："噢，放心吧，亲爱的爸爸，大海里鱼多着呢！"

"是呀，我的孩子，"老父亲笑了笑答道，"可钓饵放久了就没味了！"

【简评】"钓饵"喻指漂亮女儿。红颜易老啊！

通向地狱之路

一个醉鬼先后上错了四列火车，最后才在别人的帮助下找着一列开往康涅狄格的火车，坐在一个牧师旁边。

看到他酩酊大醉的样子，牧师说："我可怜的孩子，知道吗？你正走在通向地狱的路上啊！”

“是吗？真是活见鬼！”醉鬼说道，“我又上错火车了。”

【简评】地狱者，罪恶之渊也。这里比喻酗酒的恶果，而不是火车的站名。

罗西尼脱帽致意

罗西尼是19世纪意大利著名作曲家，人们称他是一个潇洒诙谐而颇具幽默感的人。

一次，一位作曲者带了手稿来拜见他，并当场弹奏了自己的曲子，其中不少地方是抄袭别人的。罗西尼一面听，一面把帽子脱了又戴，戴了又脱。那位作曲者疑惑不解地问他，是不是屋里太热？“不，”罗西尼说，“我有一见熟人就脱帽的习惯。在阁下的曲子里，我碰到那么多熟人，不得不频频脱帽致意了。”

那位作曲者无言以对，羞得满脸通红。

【简评】听惯了某种曲子，正如同遇见了熟人。好一个幽默的作曲家，蜿蜒迂回地批评了这种抄袭现象。

二、比拟

根据想象把物当作人写、把人当作物写，或把甲物当作乙物来写，这种修辞格叫比拟。被比拟的对象叫本体，用来比拟的对象叫拟体。比拟在结构上只出现本体，同时出现拟体的某种属性，拟体本身并不出现。

捕蝗

钱穆甫为如皋令，岁旱蝗，而泰兴令独绐①郡将②云：

"县界无蝗。"已而蝗大起，郡将诘之，令辞穷，乃言："县本无蝗，盖自如皋飞来。"乃檄[3]如皋请严捕蝗，无使侵邻境。穆甫得檄，辄书其纸尾，报曰："蝗虫本是天灾，即非县令不才。既自敝邑飞去，却请贵县押来。"未几，传至都下[4]，无不绝倒。（明郭子章《谐语》）

〔注释〕①绐（dài）：欺骗。②郡将：郡的长官，兼领武事。③檄：传文。④都下：京都。

【简评】蝗虫不是逃犯，怎能押解得来！天灾并不说明如皋县令无能，无能者是虚报、推诿的泰兴令，似乎还应有那位糊涂郡将。六言小诗风趣幽默，确实令人绝倒。

臭虫先知

一位投宿的旅客，刚在来客登记簿上写下自己的名字，便有一只臭虫爬到登记簿上。旅客一见撒腿就跑。店家追问是何缘故，旅客气喘吁吁地说："我还没进屋，贵店的臭虫就已经知道我住几号房间了！"

【简评】将臭虫拟人化（会识字），固属虚妄；但臭虫多到如此地步，不能不令人仓皇而逃。

三、借代

不直说某人某事物的名称，而是借用同它密切相关的名称去代替，这种修辞格叫借代。借代重在事物的相关性，利用事物之间的种种关系巧妙地形成一种语言上的艺术换名，可以收到形象突出、特点鲜明、具体生动的效果。当然，借代不当，也会出现笑话。

官员贪污

有周通判贪污，监司按劾[①]，对移[②]下县知县。才到任，吏人探其意，乃铸一银孩儿，重一斤，安在便厅桌上，入宅复云："家兄[③]在便厅取复。"知县出来，只见银孩儿，便收之。他日，吏人因事有忤[④]，将勘决。吏人连声复云："且看家兄面。"知县云："你家兄没意智[⑤]，一去后更不再来相见。"（宋陈元靓《事林广记》）

〔注释〕①按劾：查验弹劾。②对移：对调。③家兄：指钱。④忤：违逆，触犯。⑤没意智：不聪明的意思。

【简评】"家兄"是"银钱"的代名词。贪官表面指责吏人兄长不再前来拜访，实指不再见银钱孝敬。

猪八戒看门

唐僧从印度取经回来，把经书藏在长安寺，恐怕有失，派猪八戒看门。猪八戒对唐僧说："师父只管放心，我一定把门看好。"

过了几天，唐僧来到寺里，只见人群嘈杂，进进出出，猪八戒却躺在门口打着呼噜，睡得正甜呢！

唐僧叫醒了八戒，说道："哎呀！叫你看门，你怎么让人随便进出？"

猪八戒说："师父，门已取下，我睡在上面，还有谁敢来偷门！"

【简评】以"门"代"家"。"看门"是守住家，哪里是看一块门板。

笔杆子

法国大作家雨果出国旅行，来到某国边境。哨兵要登记，就问：“姓名？”

“雨果。”

“干什么的？”

“写东西的。”

“以什么谋生？”

“笔杆子。”

于是，哨兵在登记簿上写道：“姓名：雨果。职业：贩卖笔杆。”

【简评】“笔杆子”用指写作，并非指倒腾买卖。

王后刮胡子

过去在巴黎，妇女不准上舞台，凡是女角色都由男演员扮演。

一天，国王路易十五来看戏，戏迟迟不开演。他心中十分不快，便找来剧院经纪人，问是什么原因。

剧院经理对他说：“陛下，王后还没刮完胡子。”

【简评】男扮女角，不足为奇；以角色“王后”代指演员，亦无不可。所以在舞台上，“王后刮胡子”算不上悖谬。只是在这样的语言环境，对真陛下这样说，真假混搭，就使国王下不来台了。

四、拈连

利用上下文连说的条件，故意把用于甲事物的词语巧妙地用于下文的乙事物，这种修辞格叫拈连。

拈连在新的语言环境中造成明显的文不对题、词不达意的矛盾，使人在格格不入的事物的拈连中领会到别具一格的情趣，是一种以不谐调为前提的技巧。拈连用得好，说话很俏皮；用得不好则要出笑话。

落入眼睛

甲：“上星期，一粒沙子落入我妻子的眼睛里，她只好找医生看，结果花了我三镑钱。”

乙：“那不算什么。上星期，一件皮大衣落入我妻子的眼睛里，花了我三百镑！”

【简评】由沙“落”句式拈连到大衣之“落”，不过后者是形象的说法。

五、夸张

为了突出事物的特征，故意言过其实，对人或事物作扩大或缩小的描述，以增强感染力，这种修辞格叫夸张。夸张是形成幽默的一个基本手法。正确的夸张是在客观真实的基础上对事物的特点作合情合理的渲染，它使人感到真实可信；而过分的夸张，错误的夸张，常常令人喷饭捧腹。

土地

王知训帅宣州，入觐①，赐宴，伶人②戏作一神，或问何人，答言：“吾是宣州土地③。”问何故到此？答言：“王刺史入觐，和地皮卷来。”（明赵南星《笑赞》）

〔注释〕①觐（jìn）：指地方官员入朝进见帝王。②伶人：旧指演员。③土地：指掌管、守护某个地方的神。

【简评】肆意搜刮民脂民膏，土地神也只好屈驾随行。

酸酒

有上酒店而嫌其酒酸者，店人怒，吊之于梁。客过，问其故，诉曰：“小店酒极佳，此人说酸，可是该吊？”客曰：“借一杯我尝之。”既尝毕，攒眉谓店主曰：“可放此人，吊了我罢。”（明冯梦龙《广笑府》）

【简评】喝了人的嘴短，说不酸又昧良心，只好请求放下别人，吊起自己，倒还是个实诚人。此事纯属笑谈，意在言酒酸之甚。

嘲火腿诗

某君收到友人一块火腿，皮干肉硬，煮不烂，咬不动。未受实惠，却又不得不表示感谢，乃作打油诗一首回赠：

金腿蒙君赐，全家大喜欢。
柴烧三担尽，水至一缸干。
肉似枯荷叶，皮如破马鞍。
牙关三十六，个个不平安。

【简评】此诗颈联运用比喻，颔联、尾联运用夸张，语言形象生动，通俗幽默，为好友之间应答唱和的戏谑之作。

不用加糖

张三很有钱，但非常吝啬。有一次，他患了重病，医生开药说要用人参，他听了忙说：“我买不起人参，听天由命好了。”

医生改口说：“那用熟地也可以。”

张三还是摇头：“熟地也很贵，买不起，我死了也罢。”

医生对这个要钱不要命的家伙实在没有办法，便随口说："另外还有一个方子，用干狗屎调红糖一两冲服，也可以治好你的病。"

张三一听，一跃而起，急问："光用狗屎不放糖，可以吗？"

【简评】狗屎加糖，已属荒诞调笑，谁想此君更为过分，连点糖也舍不得加，宁可光吃狗屎。

理发

有个财主，头发寥寥无几。有一次他到理发店理发。理完以后，他对理发师说："师傅，我的头发那么少，你应该收我半价才公道呢！"

理发师说："哪里的话，你的头发那么少，我好容易才找到一根来理，花了那么多工夫，我不加收你的钱，那才是公道过了头呢！"

【简评】理发师的夸张未免有点过分，头发少不一定不好找、不好理。当属笑谈，用以回应那位顾客的戏谑。

六、双关

利用语音或语义条件，有意使语句同时关涉两种事物，具有双重含义，言在此而意在彼，这种修辞格叫双关。双关可以含蓄地影射，有一箭双雕之妙，能使语言风趣幽默，余味无穷。双关是形成幽默的最重要的方式之一，所以此类幽默很多。

1. 谐音双关

利用音同或音近的条件构成双关。

天有何姓

高祖又尝集儒生会讲，酬难非一。动筩后来，问博士曰："先生，天有何姓？"博士曰："天姓高。"动筩曰："天子姓高，天必姓高，此乃学他蜀臣秦宓，本非新义。正经之上，自有天姓，先生可引正文，不须假托旧事。"博士曰："不知何经之上，得有天姓？"动筩云："先生全不读书，《孝经》亦似不见。天本姓也，先生可不见《孝经》云：'父子之道，天性也。'此岂不是天姓？"高祖大笑。（隋侯白《启颜录》）

【简评】以"性"谐"姓"，这是对《孝经》的歪解，但出自优人之口，谁也不会计较，不过当作笑谈，以资茶饭而已。

汗淋学士

王平甫学士躯干魁硕，盛夏入馆中，下马，流汗浃衣，刘贡父曰："君所谓汗淋学士也。"（明钟惺《谐丛》）

【简评】以"汗淋"谐"翰林"，乃同僚戏谑之言。

园外狼

石中立为员外，与同列观上南园所蓄狮子。同列曰："县官日破肉五斤饲之，吾侪[①]反不及此。"石曰："然，吾侪做官，皆员外郎，敢比园内狮子乎？"众大笑。（明浮白斋主人《雅谑》）

〔注释〕①侪（chái）：辈。

【简评】"员外郎"（园外狼）与"园内狮"对举，十分巧妙。

指桑骂槐

从前，有御史、侍郎、尚书三个官儿，他们面和心不和，经常互相指桑骂槐。

一天，三人正饮酒赏花，忽见一只狗从阶前经过，御史故意借题发挥，问尚书道："你看是（侍）狼（郎）是狗？"侍郎连忙转骂于人，道："啊，狗尾巴上（尚）竖（书）。"尚书冷笑一声，冲着他俩道："是（侍）狼（郎）则吃人不吐骨头，是狗么，就遇肉吃肉，遇（御）屎（史）吃屎！"

【简评】谐音为谑，既骂人，又"文雅"，朝廷官员的学问全用在了这上面。而尚书一以对二，出口成章，妙语连珠，可谓其中"佼佼者"。

带枷和尚

一僧犯罪，枷号①县前，央乡官说方便。与县令叙情而别，送至门首，问曰："和尚是出家人，怎么带了枷？"县令曰："他本是无发的，如今犯了法。"（明浮白斋主人《雅谑》）

〔注释〕①枷号：旧时刑法，将木枷枷在犯人颈上，标明罪状，号令示众。

【简评】乡官以"出家"谐"出枷"，求情放人；县令以"无发"谐"无法"，婉言拒绝。求情者、执法者应对都很巧妙。

田主见鸡

一富人有余田数亩，租与张三者种，每亩索鸡一只。张三将鸡藏于背后，田主遂作吟哦之声曰："此田不与张三种。”张三忙将鸡献出，田主又吟曰：“不与张三却与谁？”张三曰：“初间不与我，后又与我，何也？”田主曰：“初乃无稽（鸡）之谈，后乃见机（鸡）而作也。”（清游戏主人《笑林广记》）

【简评】以“鸡”谐“稽”“机”，解释了两个成语，十分巧妙。

嘲富人为贼

昔一人出外为商，不识字。舡[1]泊于江心寺，边携友游寺，见壁上写“江心赋”三字，连忙走出唤舡家曰：“此处有‘江心贼’，不可久停。”急忙下舡。其友告之曰：“不要忙，此是‘赋’，不是‘贼’。”其人摇头答曰：“富便是富，有些‘贼’形。”（明无名氏《华筵趣乐谈笑酒令》）

〔注释〕①舡（chuán）：船。

【简评】借“富”“赋”谐音、“赋”“贼”形近嘲富人是贼——为富不仁嘛。

死别生离

有一个富翁请客，酒席上菜肴倒也丰盛，但有一盘发臭的鳖鱼和一些又酸又涩的生梨子，使人难以入口。席上有个读书人套用两句古诗打趣道：“世上万般愁苦事，无如死别（鳖）与生离（梨）！”客人听了，哗然大笑。

【简评】即席赋诗，加以嘲笑，是古人聚会常见的雅谑。

2. 语义双关

利用词语或句子的多义性在特定语言环境中形成双关。

遭见贤尊

侯白与杨素剧谈戏弄，或从旦至晚，始得归，才出省门，逢素子玄感，乃云：“侯秀才，可与玄感说一个好话。”白被留连，不获已，乃云：“有一大虫，欲向野中觅食，见一刺猬仰卧，谓是肉脔，欲衔之。忽被猬卷着鼻，惊走，不知休息，直至山中。困乏，不觉昏睡。刺猬乃放鼻而走。大虫忽起欢喜，走至橡树下，低头乃橡斗[①]，乃侧身语云：‘旦来遭见贤尊[②]，愿郎君且避道。’”（隋侯白《启颜录》）

〔注释〕①橡斗：橡实的壳。②贤尊：对他人父亲的敬称。

【简评】此类笑话妙在结语。它往往一语双关，既是故事的正常表述，又是对现实的婉曲嘲讽。这里是对整日与杨素戏弄、傍晚又受其子纠缠的揶揄。

只这一瓶

一主人请客，客久饮不去，乃作谑曰：“有担卖瓷瓶者，路遇虎，以瓶投之，俱尽，止一瓶在手，谓虎曰：‘你这恶物，起身也只这一瓶，不起身也只这一瓶。’”客亦作谑曰：“昔观音大士诞辰，诸神皆贺，吕纯阳后至。大士曰：‘这人酒色财气俱全，免相见。’纯阳数之曰：‘大士金容满月，色也；净瓶在旁，酒也；八宝璎珞[①]，财也；嘘吸[②]成云，气也；何独说贫道？’大士怒，用瓶掷之。纯阳笑曰：‘大士莫急性，这一瓶打我不去，还须几瓶耳。”（明江盈科《雪涛谐史》）

〔注释〕①璎珞：贯穿珠玉而成的装饰品，多用为项饰。②嘘吸：呼吸。

【简评】主客为酒相嘲，借助雅谑。讲故事而不直言，方为趣谈。

背客吃饭

有客在外，而主人潜入吃饭者，客大声曰："好一座厅堂，可惜许多梁柱，都蛀坏了。"主人忙出曰："在哪里？"客曰："他在里面吃，外面如何知道？"（清陈皋谟《笑倒》）

【简评】一语双关，不无讥诮之意。

醉猴

有人买得猴狲，将衣帽与之穿戴，教习拜跪，颇似人形。一日，设酒请客，令其行礼，甚是可爱。客以酒赏之，猴饮大醉，脱去衣帽，满地打滚。众客笑曰："这猴狲不吃酒时还像个人形，岂知吃下酒去，就不像个人了。"（清石成金《笑得好》）

【简评】末句嘲醉酒者。

神仙难做

时俗贿赂公行，上下沿习。一人作吕纯阳状，杖头挑钱百文，众小儿牵衣乞钱，即与一文；行未一步，又一儿牵袂①以乞，又与一文；才移足，儿又乞钱，如是者，三四不止。纯阳抚掌叹曰："步步要钱，教我神仙也难做。"（明浮白斋主人《雅谑》）

〔注释〕①袂：衣袖。

【简评】末句借以讽刺贿赂贪赃的不正之风。

猴

一猴死，见冥王，求转人身。王曰："即欲做人，须将毛尽拔去。"即唤夜叉拔之。方拔一根，猴不胜痛叫。王笑曰："看你一毛不拔，如何做人？"（明浮白主人《笑林》）

【简评】嘲人吝啬。歇后语有"铁公鸡——一毛不拔"。

钱眼里坐

绍兴时，张循王最好钱。一日内宴，上命优人扮作善天文者云："世间贵人，必应天象，用浑天仪窥之，但见星，不见人；今可用一铜钱代。"令窥上，曰："帝星也。"秦师垣，曰："相星也。"韩蕲王，曰："将星也。"张循王，曰："不见星。"众骇，再令窥之，曰："终不见星，只见张循王在钱眼里坐。"上大笑。（明郁履行《谑浪》）

【简评】嘲人贪财好钱，却说的是实话，张也恼怒不得。

六眼龟

苏子瞻谒吕微仲，值其寝，久之，乃出。苏不堪，见一菖蒲盆畜绿毛龟，苏云："六眼龟更难得。"吕问："出何处？"苏曰："昔唐庄宗时，一国进六眼龟。伶人敬新磨进口号曰：'不要闹，不要闹，听取这龟儿口号：六只眼儿分明，睡一觉抵别人三觉！'"（明冯梦龙《古今笑史》）

【简评】末句借六眼龟嘲吕久寝不见。

青盲

一青盲[①]涉讼[②]，自诉眼瞎。官曰："一双青白眼，如何诈瞎？"答曰："老爷看小人是清白的，小人看老爷是糊涂的。"（明浮白主人《笑林》）

〔注释〕①青盲：病名，有眸子但看不见东西。②涉讼：牵涉到诉讼之中。

【简评】"清白"表面指清清楚楚，实是指清白无辜；"糊涂"表面指模糊不清，实是指昏庸无能。这里借青盲之便对为官者加以嘲讽。

三分银子

有生员送先生节仪，只用三分银子。先生出对嘲之曰："竹笋出墙，一节须高一节。"生对曰："梅花逊雪，三分只是三分。"（明江盈科《雪涛谐史》）

【简评】"节"（竹节）兼指"节仪"，应当多送一些；"三分"（程度）兼指分量，一点也不多掏。真是青出于蓝而胜于蓝。

眼热

王文成初封新建伯，某公心艳[①]之，适王戴冕入朝，有帛蔽耳，笑曰："先生耳冷耶？"王曰："我不耳冷，先生眼热。"（明浮白斋主人《雅谑》）

〔注释〕①艳：羡慕。

【简评】"眼热"与"耳冷"表面是对言，实际是眼馋的意思。

骂牛

有个地主闲着没事，常出些难题刁难人，显示自己有本领。一天，他戴着眼镜，穿着长衫，手撑凉伞，出外游玩，被一个正在耕地的农民看见了。农民对着牛狠狠地骂道："瘟牛，东晃西荡不走正道，眼瞎啦？"说着就是一鞭子。

地主听后，越想越不对味：这不明明是骂我吗？他站在地头不走了，想等农民赶牛来时骂他一顿。

"嗨，嗨！"农民赶着牛过来了。快到地头时，农民一手拉着缰绳，一手抓起来一把泥巴，使劲往牛屁股里塞。地主正瞪圆双眼准备发作，一看农民这举动，忍不住笑了。他问农民："这是干什么？"

农民高声回答说："我算计它等会儿要放臭屁，先把它糊住！"

【简评】表面上说牛，实际还是骂地主。知道你要回骂，先把你的嘴堵住。

已通六窍

某人很自负，写了一篇文章，言语不通，却自觉极佳。他到处访问名人，假意请求指点，实则想自我夸耀。

有人看了，说："名人的文章通七窍，如今你已通了六窍。"他听了大为高兴，到处向人转述。一个朋友对他说："这个评论是嘲笑你一窍不通的！"

【简评】"一窍不通"是成语，其意义是固定的，其实是"连一窍都不通"的意思，并非真的计算数量。

七、仿拟

在上文中现成词语的比照下，更换词语中的某个词或语素，临时仿造新词语，这种辞格叫仿拟。如借助于某种违背正常逻辑的联想，把适用于某环境的词语用于另一种截然不同的环境之中，或借助于既成句式、篇章等形式，仿造出内容相反或相对的新句式、新篇章，造成不谐调、不搭配的矛盾，使人有新奇感和生动感，产生强烈的幽默效果。

披人皮

大雪后天寒地冻。小长工只披着一张破羊皮，在财主家的院子里扫雪。

财主少爷阴阳怪气地在一旁说道："穷小子，你身上怎么长了一张兽皮？"

小长工毫不示弱地答道："大少爷，你身上怎么披了一张人皮呢？"

【简评】"你身上怎么长了一张兽皮？"是说"该长人皮长兽皮"，即"人为兽"；"你身上怎么披了一张人皮？"是说"该长兽皮披人皮"，即"兽为人"。同一句式，一字之差，反唇相讥，妙趣横生，具有强烈的反抗性。

机智的木匠

英国诗人乔治·莫瑞是一位木匠的儿子，他成名后也从不隐瞒自己的出身。在上层社会的一次聚会上，一个嫉妒心非常强的纨绔子弟当众取笑诗人，高声问道："对不起，请问阁下的父亲是不是木匠？"

诗人坦然地答道："是的。"

纨绔子弟又说："那你父亲为什么没有把你培养成木匠？"

诗人微笑着回答："对不起，那阁下的父亲想必是绅士？"

纨绔子弟傲气十足地回答："是的。"

诗人故表遗憾地说："那你父亲怎么没有把你培养成一个绅士呢？"

聚会者听了哄堂大笑，纨绔子弟无地自容。

【简评】"为什么没有把你培养成木匠"，只讥笑了父亲的职业；"怎么没有把你培养成一个绅士"，则直接嘲讽了他的人品。

闹饥荒的原因

爱尔兰大文豪萧伯纳是个出名的瘦子。有一次，一个非常胖的资本家笑着对他说："一见到你，我就知道目前世界上正在闹饥荒。"

萧伯纳也笑了笑说："而我，一见到你，就知道目前世界上正在闹饥荒的原因。"

【简评】在原句的基础上增加"原因"一词，反唇相讥。

能算脑袋吗

丹麦童话作家安徒生生活很俭朴，戴着破帽子在街上行走。有个行路人嘲笑他："你脑袋上边的那个玩意儿是什么？能算是帽子吗？"

安徒生回敬道："你帽子下边的那个玩意儿是什么？能算是脑袋吗？"

【简评】帽子算不算是帽子本无所谓，脑袋算不算是脑袋可不能含糊。帽子下边的那个"玩意儿"才是最关键的。

弦外之音

萧伯纳派人送两张戏票给丘吉尔，并附上短笺说："亲爱的温斯顿博士，奉上戏票两张，希望阁下能带上一位朋友来观看拙作《卖花女》的首场演出，假如阁下这样的人也有朋友的话。"

丘吉尔不甘示弱，写了一个回条给对方："亲爱的萧伯纳先生，蒙赐戏票两张，谢谢。我和我的朋友因有约在先，不便分身前来观赏《卖花女》的首场演出，但是我们一定会赶来观看第二场的演出，假如你的戏也会有第二场的话。"

【简评】以相同句式作文字应答，最后的假设语气中均暗含疑窦。一个是不相信对方会有朋友，一个是不相信对方的戏会有第二场演出，互相调侃戏谑。

八、反语

使用与本来意思相反的词语或句子去表达本意，或反话正说，或正话反说，这种辞格叫作反语。

反语运用得好往往可以收到幽默有趣的修辞效果。

撒半价

客有欲买苏州货者，或教之曰："苏州人撒半价[①]，视其讨价，半酬之可也。"客信之，至绸缎店，凡讨二两者，只还一两；讨一两五钱者，只还七钱五分。店主恚[②]甚，谓客曰："若如此说，不消买得，小店竟送两匹与足下罢了。"客拱手曰："不敢不敢，学生只领一匹。"（明浮白主人《笑林》）

〔注释〕①撒半价：多要一半的价钱。②恚（huì）：愤怒。

【简评】“白送”本是气话，是反语，哪里真的白送，谁想竟也当真。

抽烟的好处

从前，有个贩卖香烟的美国商人到法国去做生意。

一天，他在巴黎的一个集市上大谈抽烟的好处，突然，从听众中走出一位老人，连招呼也不打，就走到台前。商人吃了一惊。

老人在台上站定后，便大声说道：“女士们，先生们！关于抽烟的好处，除了这位先生讲的以外，还有三大好处，不妨讲给大家听听！”

商人一听这话，转忧为喜，连连向老人道谢：“谢谢您了，先生。我看您相貌不凡，肯定是位学识渊博的老人，请您把抽烟的三大好处当众讲讲吧！”

老人微微一笑，立刻讲了起来：“第一，狗一见抽烟的人就害怕，于是赶紧逃走。”

台下一片轰动，商人暗暗高兴。

“第二，小偷不敢到抽烟人家里去偷东西。”台下连连称奇，商人更加欢喜。

“第三，抽烟人永远年轻。”台下观众情绪振奋，商人更加喜形于色。

老人把手一摆，说：“女士们，先生们！请安静。我还没有说清为啥有这三大好处呢！”

商人格外振奋地说：“老先生，请您快讲。”

“一，抽烟人驼背的多，狗一见到他以为是正要拾石头打它，它就不害怕吗？”台下人笑出了声，商人吓了一跳。

“二，抽烟人夜里爱咳嗽，小偷以为他没有睡着，所以不敢去偷。”台下一阵大笑，商人大汗直冒。

“三，抽烟人很少长寿，所以永远年轻。”台下一片哗然，此时大家再一看，商人不知什么时候已经溜了。

【简评】句子虽然能表达一个完整的意思，但其背后的潜台词却变幻莫测。老人这一解释，三大好处全是坏处，商人无地自容，只好逃走。

九、婉曲

在某种特定的语言环境中，有意不直接说明某事物，而是借用一些与某事物相应的同义语句婉转地表达出来，这种辞格叫婉曲，也叫婉转。

求前日小儿得效方

艾子事齐王，一日，朝而有忧色，宣王怪而问之。对曰：“臣不幸，稚子属疾，欲谒告，念王无与图事者，虽在朝，所心实系焉。”王曰：“盍早言乎？寡人有良药，稚子顿服，其愈矣。”遂索以赐。艾子拜受而归，饮其子，辰①服而巳②卒。他日，艾子忧甚戚③。王问之故，戚然曰：“卿丧子可伤，赐卿黄金以助葬。”艾子曰：“殇④子不足以受君赐，然臣将有所求。”王曰：“何求？”曰：“只求前日小儿得效方。”（宋苏轼《艾子杂说》）

〔注释〕①辰：十二时辰之一，指午前七时至九时。②巳：十二时辰之一，指午前九时至十一时。③戚：忧愁，悲伤。④殇

（shāng）：未至成年而死。

【简评】“只求前日小儿得效方”意在使其失效，勿使虎狼药再害他人。如此委婉法，令人笑中含泪。

葡萄架倒

有一吏惧内[1]，一日被妻挝[2]破面皮，明日上堂，太守见而问之。吏权词以对曰：“晚上乘凉，被葡萄架倒下，故此刮破了。”太守不信，曰：“这一定是你妻子挝碎的，快差皂隶[3]拿来。”不意奶奶在后堂潜听，大怒，抢出堂外，太守慌谓吏曰：“你且暂退，我内衙葡萄架也要倒了。”（明冯梦龙《笑府》）

〔注释〕①惧内：旧时妻有内子之称，因称怕妻子为“惧内”。②挝（zhuā）：抓。③皂隶：衙门里的差役。

【简评】同样惧内。但背地挨打，尚可掩饰；太太当堂作河东狮子吼，又何必委婉言之。

婉转之方

严厉的陆战队中尉接到消息，他的一个下属的父亲去世了。点名时他不假思索地说：“嗨，约翰，你父亲死了！”约翰当即晕倒。

几天后，另一名队员的姐姐去世，中尉立刻召集部属：“杰克，”他大喊道，“你姐姐昨晚死了！”杰克大哭。

将军听到这位中尉毫不体贴人，便把他叫来，吩咐他在部属的家中有不幸时，对部属说话不要鲁莽，要婉转。过了一星期，中尉接到通知，士兵吉特的母亲刚刚病故。他记起将军的吩咐，叫部属排队，大声命令：“凡是母亲仍健在的人向前走一步。吉特，你别动！”

【简评】“婉转”是要含蓄委婉，逐步讲明，不可直言其事，以免刺激对方。这里只是换个词语，还是直说，不“健在”还不就是死了？

在地铁车厢里

在一列快速行进的地铁车厢里，某人客气地弯腰对身旁的一位女士说：“车厢真黑，请允许我为你找扶手吊带吧！”不料那位女士冷冰冰地说：“我已经有扶手吊带了！”

“那么，请放开我的领带吧！”这个人气喘吁吁地说。

【简评】错把领带当吊带。不急声呼救，却礼貌谦恭，言辞委婉；但毕竟气喘吁吁，差点儿上吊。好一派绅士风度！

四肢着地

李先生：“昨天晚上听到你和夫人吵得很厉害，结果怎么样？”

张先生：“她最后四肢着地，跪着向我爬过来。”

李先生：“真的？她向你说了什么？”

张先生：“她说：‘你快从床底下给我爬出来！’”

【简评】四肢着地跪着并不是屈服态，而是威吓躲在床下的胆小鬼。听前边的，似乎威风凛凛，挣足了面子；临到话尾，一语破的。

十、对偶

结构相同或基本相同、字数相等、意义上密切相连的两个短语或句子对称地排列，这种修辞格叫对偶。

对偶音节整齐匀称，节律感强，内容凝练集中，概括力强，便于记忆和朗诵，在诗文中得到广泛应用。对偶如果属对不当，也会以文害意，失之偏颇。

竹诗

钱塘有学人作《竹诗》献东坡云：“叶攒千口剑，茎耸万条枪。”公曰：“此竹叶似太少。”其人未喻。公笑曰：“十竹方生一叶，岂云多耶？”（宋范正敏《遁斋闲览》）

【简评】东坡先生喜作笑谈。这里笑作者因考虑对偶平仄，避免犯忌，而以文害意。

作诗图对偶亲切

李廷彦献百韵诗于上官，中云：“舍弟江南殁①，家兄塞北亡。”上官恻然②，曰：“君家凶祸，一至于此！”廷彦曰：“实无此事，图对偶亲切耳。”（明冯梦龙《古今笑史》）

〔注释〕①殁（mò）：死亡。②恻然：悲伤的样子。

【简评】只顾对偶工巧，不要弟兄性命，如此诗德，实不足取。

十一、回环

把前后语句组织成循环往复的形式，以表达不同事物或情理间的相互联系，这种辞格叫回环，也叫回文。

医诀语

蜀进士熊敦朴，负才不羁，自史馆改兵部，后左迁别驾，往辞座师江陵张相公。公曰：“公与我同馆出身，痛痒相关，此后仕途，宜着意。”熊曰：“老师恐未见痛。”公曰：“何以知之？”熊曰：“王叔和《医诀》云：‘痛则不通，通则不痛。’”公大笑。（明徐渭《谐史》）

【简评】“痛则不通，通则不痛”表面指医诀，实指官运仕途。左迁（贬官）方为不通，座师官运亨通，自无体会。

包不脱毛

有个卖毛刷的小贩，挂了块招牌，上写：“包不脱毛。”

许多人买他的刷子，回去用了几次，毛便脱光了，于是纷纷找他讲理。

小贩不但不肯包赔，反而理直气壮地说：“咱们是有言在先，我的招牌是从右向左念的——本来就讲好‘毛脱不包’嘛！”

【简评】小贩也懂回环。正念反念，意思全变。

醉酒之翁

一对恋人外出旅行，在火车上和一位老先生相邻而坐。

老先生风趣健谈，小姐和他谈得十分投机。她的男友不高兴了，小声地对女友说：“小心点，他是醉翁之意不在酒。”

女友安慰他说：“放心好了，我是醉酒之意不在翁。”

俩人的谈话让老先生听到了，他自言自语地说：“那，我是醉酒之翁不在意啊！”

【简评】醉翁之意不在酒，别有用心；醉酒之意不在翁，不为所动；醉酒之翁不在意，没啥没啥。似可看作一种特殊的回环。

回文诗是杂体诗中的一种。通常指可以倒读之诗。有的可以反复回旋地读。

回文诗就句式而言，有多种形式，如“通体回文”“就句回文”“本篇回文”等。

“通体回文”指一首诗从末尾一字倒读至开头另成一首诗，也称作“倒读诗”。如宋代苏轼《题金山寺》:“潮随暗浪雪山倾，远浦渔舟钓月明。桥对寺门松径小，槛当泉眼石波清。迢迢绿树江天晓，霭霭红霞海日晴。遥望四边云接水，碧峰千点数鸿轻。”倒读则为:“轻鸿数点千峰碧，水接云边四望遥。晴日海霞红霭霭，晓天江树绿迢迢。清波石眼泉当槛，小径松门寺对桥。明月钓舟渔浦远，倾山雪浪暗随潮。”

“就句回文”是指一句内完成一个回复过程，又叫本句回文、当句回文，其后半句即为前半句的倒读。如清代李旸《春闺》:“垂帘画阁画帘垂，谁系怀思怀系谁? 影弄花枝花弄影，丝牵柳线柳牵丝。 脸波横泪横波脸，眉黛浓愁浓黛眉。 永夜寒灯寒夜永，期归梦还梦归期。”

“本篇回文”就是一首诗本身完成一个回复，即一首诗的下半部是上半部的回复。如梁简文帝萧纲《咏雪》:“盐飞乱蝶舞，花落飘粉奁。奁粉飘落花，舞蝶乱飞盐。”

十二、藏头

藏头是将真意隐藏在诗词每行开头第一个字所组成的短语或句子当中。它是一种修辞方式，也可看成一种特殊语序。

藏头诗，又名藏头格，是杂体诗中的一种。它有三种形式，现在常见的一种是将所说之事藏于句首，每句第一字连读，颇有横看成岭侧成峰的意趣。明代徐渭名诗《平湖秋月》将“平湖秋月”四字藏头其中，令人拍案叫绝：“平湖一色万顷秋，湖光渺渺水长流。秋月圆圆世间少，月好四时最宜秋。”

精老乌龟

清朝名人纪晓岚的家乡献县有座寺庙，庙里的方丈禅心和尚是个恶僧。

一次，纪晓岚到庙中游玩，禅心和尚拿出自己的一幅画像让他题诗。纪晓岚正想教训教训这个恶僧，便提笔写道：

精神炯炯，

老貌堂堂。

乌巾白髯，

龟鹤呈祥。

禅心和尚十分得意，经常拿出来跟人显示。后来一位饱学之士见了，捧腹大笑道：“此诗句句都是赞词，确是好诗。可每句首字连起来读，岂不是‘精老乌龟’吗？”

禅心和尚气得差点儿一命呜呼。

【简评】借藏头诗以嘲讽这个恶僧。

十三、映衬

为了突出主要事物，用类似的事物或反面的、有差别的事物作陪衬的辞格叫映衬，也叫衬托。

映衬意在突现一种事物，表达强烈感情，深化文章的中心思想。有了陪衬的事物，被陪衬的事物才会显得突出，才能得到充分说明。

映衬从形式上分正衬和反衬两种。正衬是利用同主体事物相类似的事物作陪衬；反衬则是利用同主体事物相反或相异的事物作陪衬。

我享之后次及何人

齐地多寒，春深未莩甲①。方立春，有村老挈②苜蓿一筐，以馈艾子，且曰："此物初生，未敢尝，乃先以荐。"艾子喜曰："烦汝致新。然我享之后，次及何人？"曰："献公罢，即刈以喂驴也。"（宋苏轼《艾子杂说》）

〔注释〕①莩（fú）甲：春天植物萌芽。②挈（qiè）：提。

【简评】先极力铺陈，且敬且畏；后包袱一抖，先生不过比驴先享一步罢了。

懒汉看坟

有个懒汉，什么都不想干，谁都不愿雇用他。一次，他求人替他找个最轻松的工作。那人想了一下，说："你去看坟吧，说实在的，没有比这活儿更轻松的了。"

懒汉很高兴，但去了没有多久，就又气哼哼地回来了。

"你为什么回来了？"有人问他。

"我不干了，这活儿也太不公平了：人家都躺着，唯独我一个人站着！"

【简评】懒到同死人比。能站着是福气，一块儿躺着就坏了！

下一步打算

某总统在S国一家对外开放的工厂参观。工人伊万按照布置好的话回答总统的问题："是的，总统先生，我很幸福。在乡村，我有一幢别墅，里面有很多值钱的家具。每天早晨我开着我的基尔牌小轿车上班。”

总统很感兴趣：“那么下一步你准备买的贵重东西是什么呢？”

“一双鞋。”伊万回答。

【简评】如此豪富，一双鞋子竟看成贵重东西。下一步购置标准竟如此之低，只能反衬前面的高标准消费是假。这种不协调是构成幽默的一个基本方法。

富翁的心肠

一个慈善单位的筹款委员，向一位富翁募捐：“阁下富甲一方，想必也热衷于慈善事业！”

“你不了解我的情形，”富翁说，“我九十一岁的老母亲已在医院里住了五年；女儿寡居无助，还要抚养五个幼儿；两个兄弟又欠了政府一大笔税款。”

募捐者一听，连连道歉：“我真不知道您有这么多负担。”

“不，”富翁说，“我只是想告诉你：我一分钱都不给他们，又怎么会给你们呢？”

【简评】亲友如此困难，尚且一分钱都不曾掏过，何谈资助别人。不是因为负担，而是出于吝啬，倒也实话实说。

十四、反问

反问是无疑而问，明知故问。它只问不答，把要表达的确定意思包含在问句中。否定句用反问语气说出来是表达肯定的内容，肯定句用反问语气说出来是表达否定的内容。

母猪肉

有卖母猪肉者，嘱其子讳之。已而买肉者至，子即谓曰："我家并非母猪肉。"其人觉之，不买而去。父曰："我已吩咐过，如何反先说起！"怒而挞之。少顷，又一买者至，问曰："此肉皮厚，莫非母猪肉乎？"子曰："何如？难道这句话也是我先说起的？"（清游戏主人《笑林广记》）

【简评】"并非母猪肉"为否定句，它虽表示与肯定句相反的意思，但若无端说起，则会引人联想，坏了买卖，所以不能先说。最后一句"难道……"为反问句。"这句话"虽不是我说起的，但既带"也"字，则前面必然曾经说起，此地无银三百两，同样坏了买卖。

地主和长工

有个地主见长工在门口晒太阳，想把长工奚落一顿，就走近长工说："你和一头猪能差多少？"

长工看了看地主，说："不远，总共只差三尺。"

【简评】"你和一头猪能差多少？"是反问句，意思是和笨猪（比喻）差不多；长工舍去了比喻义，当作疑问句来回答，这样三尺之外的地主就是那笨猪了。

十五、摹声

摹写事物的声音。

当作号号

白初未知名，在本邑，令宰初至，白即谒，谓会知识[1]曰："白能令明府作狗吠。"曰："何有明府得遣作狗吠？诚如言，我辈输一会饮食；若妄，君当输。"于是入谒，知识俱门外伺之。令曰："君何须得重来相见？"白曰："公初至，民间有不便事，望谘[2]公。公未到前，甚多贼盗，请命各家养狗，令吠惊，自然贼盗止息。"令曰："若然，我家亦须养能吠之狗，若为可得？"白曰："家中新有一群犬，其吠声与余狗不同。"曰："其声如何？"答曰："其吠声㘅㘅者。"令曰："君全不识好狗吠声。好狗吠声，当作号号。㘅㘅声者，全不是能吠之狗。"伺者闻之，莫不掩口而笑。白知得胜，乃云："若觅如此能吠者，当出访之。"遂辞而去。（隋侯白《启颜录》）

〔注释〕①知识：相识的人，朋友。②谘：商议，征询。

【简评】借摹声而引人入彀。

后　　记

幽默是一种生活艺术，也是一种语言风格。

幽默具有娱悦作用。人生多艰，也多乐趣。幽默正是品味人生的调料。它助人驱除忧伤、压抑、孤独和失落，代之以乐观、豁达、充实和慰藉，通过自我调节达到新的心理平衡。

幽默具有益智作用。幽默正是积贮聪明的锦囊，它外谐内庄，妙语连珠，戏谑之中含有哲理，闪烁着睿智机敏之光，而读者总可站在智者一方，大彻大悟之后感受到某种心理满足，领略到一些处世妙诀。

幽默具有交际作用。大千世界，芸芸众生，磕磕碰碰，在所难免。幽默正是调节人际关系的润滑剂，可以减少摩擦，冲淡僵持或尴尬，一语解颐，“一笑泯恩仇”。

语言是人类交际的主要工具。汉语（语文）在社会生活、学习和工作中的重要性与日俱增，这从国际形势到语文教学都得到证明。古语说：言之无文，行之不远。俗语说：兴趣是最好的导师。多年来语文教学的改革尝试，诸如素质教育、愉快教学等正在探究实施。引入幽默观念，增强教材、教学、科研诸方面的幽默性，提高从业者的爱好与积极性，是进一步增强语文教学的重要途径。

《牛津英语词典》认为，近代美学意义上的“幽默”（humour）概念是指“行为、谈吐、文章中足以使人逗乐、发笑或消遣的特点，欣赏和表现这些特点的能力”。卓别林也曾指出：“所谓幽默，就是我们在看来是正常的行为中觉察出的细微差别。换句话说，通过幽默，我们在貌似正常的现象中看出了不正常的现象，在貌似重要的事物中看出了不重要的事物。”（《卓别林自传》）这种“正常”与“不正常”所形成的龃龉、乖舛，乃是幽默形成的常见基因，也正是鲁迅先生所说文章写作“应该这样写”和“不应该那样写”的区别所在。笔者在长期的现代汉语教学工作中，经常从语言表达的角度分析幽默在语法、修辞诸方面的特色，同时略加点评，以启发学生对个中奥妙的理解。这便是编写此书的缘起。

本书编写以《现代汉语》教材体系为框架，每则幽默只入一类，或有多类可归，或有分析欠允，读者当摒瑕弃疵，自加领会，尽可驰骋才思，不必胶柱鼓瑟。

《幽默的语言》中，“幽默”一词既可理解成限制性定语表所属，也可理解成修饰性定语表性状。所以本书既可作为分析幽默语言表达方式的专辑供老师教授汉语、学生学习汉语时推敲参考，冀有所得，也可作为一般幽默笑话选集供大众在茶余饭后、羁旅征途戏谑解颐，愉悦身心。如果它能使读者笑口常开，益智增寿，促进诸君的健康、学习和工作，笔者则当幸甚幸甚。

从语言的角度分析幽默，从幽默的角度学习语言，愿以此与广大读者共勉。

最后，谨对为此书的出版给予很大帮助的好友袁建民先生表示深挚的谢意。

是为后记，亦称赘言。